Raimo Gareis

Deutsche
Dampflokomotiven
von gestern

Deutsche
Dampflokomotiven
von gestern

Raimo Gareis

Die Deutsche Bibliothek-CIP-Einheitsaufnahme

Deutsche Dampflokomotiven von gestern

1. Auflage 2001

© 2001 by Krone Verlag, Am Wiesenthal 2, D-42799 Leichlingen, Rhld.
Printed in Germany.

Herausgeber: Dieter Krone, Leichlingen/Rhld.
Konzept: Dr. Raimo Gareis, Oberschützen/Bgld.
Layout, Satz und Gestaltung: Dr. Raimo Gareis, Oberschützen/Bgld.
Lektorat: Jörg Mackenbach, Nettetal
Druck: Druckhaus Locher, Köln

Bildnachweis:
Porträt Raimo Gareis über Klappentext: Fritz Kempe (†), Hamburg.
Die Bilder auf den Seiten 74 und 93 fotografierte Colin Schroeder für die Sammlung des Autors,
alle anderen Bilder stammen vom Autor.

ISBN 3-933241-35-9

Inhalt

Vorwort
Den deutschen Dampflokomotiven ein Denkmal

Die Deutsche Bahn hat inzwischen einen weiten Weg zurückgelegt. Vor über 160 Jahren – genau am 7. Dezember 1835 – begann auch in Deutschland die Eisenbahn-Ära. Nur wenige Menschen werden damals geahnt haben, wie sehr dieses Verkehrsmittel unseres Zeitalters, das man so treffend das Technische nennt, schon wenige Jahrzehnte später in das Leben jedes Einzelnen eingreifen wird.

Am Anfang steht die Dampflokomotive, diese auf Räder gesetzte und damit mobil gewordene Dampfmaschine. Von einem endlos erscheinenden Band eines stählernen Schienenstranges geführt und präzis gesteuert, wird die Eisenbahn für Generationen zum Symbol für die Sehnsucht nach der Ferne und für das Heimweh nach zu Hause.

Die Dampflok-Ära ist längst zu Ende. Nur noch wenige Exemplare der alten Stahlrösser – wie sie der Volksmund schon wenige Jahre nach ihrer Erfindung taufte – finden sich heute noch bei Museumsbahnen im Einsatz oder werden von den Bahnverwaltungen in betriebsfähigem Zustand für besondere Jubiläumsfahrten bereitgehalten. Die vielfältigen Bilder der alten Eisenbahn aber werden in der Erinnerung weiterleben. Die Eisenbahn wird auch in den kommenden Jahrzehnten mit neuer Technik die Mobilität von Menschen und Gütern prägen.

Der Dampflok gebührt ein Denkmal. Vor allem ein Denkmal in Bildern vom Alltagsbetrieb in einer vergangenen Zeit. Ein Denkmal, das die unvergleichliche Atmosphäre der alten Eisenbahn bei all denen, die sie noch wach erlebt haben, ins Gedächtnis zurückruft. Und mit der Erinnerung an die Bahn auch an viele glückliche, vielleicht auch bittere Stunden des eigenen Lebens.

All denen aber, die den Alltagsbetrieb der Dampflok nicht mehr selbst erleben konnten, sollen die Bilder dieses Buches versuchen, einen Eindruck von der Vielfalt damaliger Eisenbahnerlebnisse zu vermitteln. Aus einer Sammlung von über 30.000 Eisenbahnaufnahmen wählte der Autor exemplarische Bilder der Baureihen aus.

Nicht zuletzt aber sieht der Autor dieses Buches die Bilder auch als einen Ausdruck des Dankes an die ungezählten Eisenbahner der vielen Bahnverwaltungen in aller Welt, die dieses Verkehrsmittel entwickelt, konstruiert, geplant und betrieben haben und die er im Laufe eines guten Jahrzehnts einer Dokumentationsarbeit, die sich zum Ziele setzte, das Erlebnis Eisenbahn der Nachwelt zu erhalten, kennenlernen durfte.

Bei diesem Buch habe ich die Baureihen systematisch abgehandelt. So ergaben sich ganz von selbst die verschiedenen Kapitel. Mir ging es darüber hinaus aber vor allem um die Atmosphäre der vergangenen Eisenbahnepoche. Ich möchte Ihnen zuerst einmal einen Bilderbogen der vielen Ausführungsformen der Dampflokomotiven vorstellen. Lassen Sie, ungestört durch Bildtexte, nur die bildlichen Eindrücke auf sich einwirken. Vielleicht beginnen Sie dann ganz unbemerkt zu träumen. Vor Ihrem geistigen Auge formen sich erneut die Bilder eigener Erlebnisse vergangener Jahrzehnte. Erinnerungen, die oft schon dem Vergessen preisgegeben waren. Damit Sie so wenig wie möglich bei diesem Erinnern gestört werden, begleitet nur ein Minimum an Text die Bilderfolgen.

Um aber auch denen gerecht zu werden, die genaue Daten der dargestellten Lokomotiven schätzen, ist auch eine exakte Legende aller Aufnahmen mit Datum und Ort vorhanden.

Dampfloks sind auch bildlich gesprochen nicht nur schwarze Ungeheuer. Dampfloks können auch sehr farbige Objekte sein. Die faszinierenden Farbaufnahmen von Dampflokdetails beweisen es. Haben Sie, die Sie noch Dampfloks im Regelbetrieb erlebt haben, jemals auf diese Feinheiten im wahrsten Sinne des Wortes geachtet? In diesem Buch können Sie Versäumtes und nicht mehr Zurückbringbares nachholen………

Ich wünsche Ihnen beim Betrachten der Bilder viel Freude und Erinnerung an eine vergangene Zeitepoche, die – wie selten eine – die Welt veränderte und jetzt unwiederbringlich schon Jahrzehnte zurückliegt.

Hören – Sehen – Erleben – Gestalten
Die Faszination des Dampflokerlebnisses

Zwei Geräusche haben sich in meiner Kindheit in der Hansestadt Lübeck unauslöschlich in mein Gedächtnis eingeprägt: Das sonore Brummen feindlicher Flugzeuge, die im Zweiten Weltkrieg so tiefe Spuren in meiner Heimatstadt hinterlassen haben, und der charakteristische Schlag von Dampflokomotiven der Lübeck-Büchener-Eisenbahngesellschaft (LBE), der meine ersten Lebensjahre begleitete und offenbar zu einem traumatischen Erlebnis wurde, das von Zeit zu Zeit aus dem Unterbewusstsein wieder hervorbrach und mein Leben beeinflusste.

Die Faszination der Dampflok beginnt mit dem Hören. Aus weiter Ferne klingen plötzlich rhythmische Laute an das Ohr, die unsere Aufmerksamkeit gefangennehmen und derem eigenartigen Reiz wir uns kaum entziehen können – ob wir wollen oder nicht. Die Dampflok bricht sich Bahn, im wahrsten Sinne des Wortes.

Das Geräusch schwillt weiter an, erste noch ferne Dampfwolken künden von dem sich schnell nähernden Dampfzug. Das audiovisuelle Erlebnis beginnt. Wer je das Herannahen eines dampfgetriebenen Schnellzuges an der Strecke stehend verfolgen konnte, wird dieses alle Sinne erfassende Erleben nie wieder vergessen.

Dann donnert die 2'C1'-Schnellzuglok mit 10, 12, vielleicht 14 vierachsigen D-Zugwagen an uns vorbei……und ist in wenigen Sekunden schon wieder in der Ferne verschwunden. Einige Augenblicke sind wir noch in Dampf und Rauch eingehüllt, wir spüren noch den eigenartigen Geschmack von Schwefeldioxid auf der Zunge. Dann ist die plötzliche Erscheinung auch schon wieder verschwunden. Nur das Gedächtnis hält das Erlebte auch weiterhin fest.

Die Idee, das Dampflokerlebnis im Bilde festzuhalten, kam – wie so oft bei guten Ideen – arg spät. Erst als die Zeit dieser Technik der ersten Stunde unwiderruflich sich dem Ende näherte, kam mir zu Bewusstsein, dass schon in wenigen Jahren der Dampfbetrieb der staatlichen und privaten Eisenbahnen der Vergangenheit angehören würde.

Aber Anfang der 70er Jahre gab es noch einige Strecken mit vollem Dampfbetrieb. Das Ende nahte. Die Zeit drängte. Ich begann die schwierige aber desto begeisternde Aufgabe der fotografischen Verfolgung von Dampflokomotiven.

Eisenbahnjagd – das Stichwort ist gefallen. In den letzten Jahren der Dampfeisenbahn kam es nicht nur auf ein sicheres fotografisches Auge an. Die Aufnahme war nur der Endpunkt einer Kausalkette, die viel früher begann.

Zuerst mussten Informationen über die Einsatzorte und Strecken der letzten im Alltagsbetrieb befindlichen Dampfloks ausgewertet werden. Wo gab es solche Informationen? In Eisenbahnzeitschriften, bei Eisenbahnklubs, in Eisenbahnbüchern. Vor allem aber bei einigen Eisenbahnfreunden, die ihre Erfahrungen in kleinen Informationsblättern herausgaben. Zum Beispiel die *Gemeinschaft Eisenbahnkurier* oder der *Dampflok Report,* aus denen schließlich Magazine gleichen Namens hervorgingen. Die Informationen wurden ausgewertet, Reisepläne so angelegt, dass möglichst viele Begegnungen mit Dampflokomotiven in der zur Verfügung stehenden Zeit möglich wurden und möglichst viele verschiedene Baureihen in die Sammlung aufgenommen werden konnten. Am Orte der Begegnung angelangt, musste die Strecke schon lange vorher besichtigt werden, um den bestmöglichen Standort unter Berücksichtigung von Tageszeit und Wetterbedingungen festzulegen. Dann konnte der Zug kommen, das Erlebnis Gestalt annehmen.

Welche Lokomotivbaureihen konnte man am Ende der Dampflokzeit Anfang der 70er Jahre noch erwarten? Nur die Nachkriegsloks, die in den 50er Jahren gebaut wurden? Keineswegs! Lassen Sie sich überraschen. Anfang der 70er Jahre konnte man noch einen Überblick über die Vielfalt der Dampftraktion gewinnen. Alle die fotografierten Lokomotiven legen ein Zeugnis ab für ihre Langlebigkeit und die außerordentliche Qualität des deutschen Maschinenbaus der vergangenen Jahrzehnte und des vergangenen Jahrhunderts.

Die Epochen der Dampflok
Von der ersten Eisenbahn zum flächendeckenden Eisenbahnnetz

Als am 7. Dezember 1835 die erste deutsche Eisenbahn mit lautem Hurra von Nürnberg nach Fürth auf ihre kurze Reise geschickt wurde, konnte sich wohl kaum einer in der fröhlichem Menge, die zu diesem Ereignis herbeigeströmt war, ausmalen, wie stark die deutschen Eisenbahnen in den nächsten Jahrzehnten das Leben der meisten von ihnen beeinflussen würden. Entweder direkt oder indirekt.

Direkt gewährte die neue Eisenbahn den Menschen eine Mobilität, von der frühere Generationen nur träumen konnten.

Noch größer aber war wohl der indirekte Einfluss. Die Eisenbahn ermöglichte schon bald ohne Schwierigkeiten den Transport leichter und schwerer Waren aller Art von einem Ende des Reiches bis an das andere. Bis an das andere? Ohne Schwierigkeiten? Das dürfte vorerst der Zeit weit vorausgeeilt sein. Wir kommen darauf noch zu sprechen.

Vorerst gab es noch lange kein zusammenhängendes Eisenbahnnetz. Das musste im 19. Jahrhundert erst langsam zusammenwachsen. Die ersten Eisenbahnlinien bestanden aus meist nur kurzen Strecken ohne Verbindungen miteinander.

Stellen Sie sich eine Eisenbahnfahrt vor, bei der einzelne Verbindungsstrecken noch per Postkutsche zurückgelegt werden mussten. Es gab keine Kommunikation zwischen den Bahnhöfen, das Telefon oder der Telegraf mussten erst noch erfunden werden. Dazu kam eine Währungsvielfalt auf kleinstem Raum, wie sie jetzt endlich auch in Europa überwunden ist. Und schließlich gab es noch keine mitteleuropäische Standardzeit; jeder Bahnhof hatte seine eigene Ortszeit. Können Sie sich das damalige Reisen vorstellen?

Zumindest was die technische Seite dieser Vorstellung angeht, kann dieses Bilderbuch vielleicht helfen. Das Beeindruckendste am Reisen mit der Eisenbahn war das Zugpferd, die gute alte Dampflokomotive. Alles begann mit einer englischen Dampfmaschine auf Rädern, der legendären *Adler*, deren Nachbau auf Seite 12 zu sehen ist.

Fünf Jahre nach der Eröffnung der ersten deutschen Eisenbahn gab es schon über 500 km gebaute Strecken – wenn auch noch kein Eisenbahnnetz. Aus dieser ersten Epoche der deutschen Eisenbahn, die sich in der ersten Hälfte des 19. Jahrhunderts schnell in ganz Deutschland durchsetzte, gibt es nur noch wenige Relikte in Museen und Sammlungen und einige Nachbauten, die beim 100jährigen und 150jährigen Jubiläum der deutschen Eisenbahnen das Publikum begeisterten.

Anfang der 70er Jahre des vergangenen Jahrhunderts konte man auch aus der zweiten Epoche, der zweiten Hälfte des 19. Jahrhunderts, in der die deutschen Privatbahnen zum größten Teil verstaatlicht wurden und zu einem durchgehend befahrbaren Netz zusammenwuchsen, nur noch wenige Lokomotivbauarten beobachten.

Das Ende des 19. Jahrhunderts sah dann den ersten Höhepunkt der deutschen Eisenbahntechnik. Die deutschen Bahnverwaltungen wetteiferten darin, immer größere, immer schnellere und immer leistungsfähigere Dampflokomotiven konstruieren und bauen zu lassen. In jedem deutschen Staat gab es kompetente Lokomotivfabriken; tausende von Dampflokomotiven in hunderten von Ausführungsformen bevölkerten die Gleise.

Wie oft erzwangen Kriege die Vereinheitlichung des Fahrzeugparks. Auch die Vereinigung der Länderbahnen zur Deutschen Reichsbahn-Gesellschaft 1920 war noch eine Folge der Kriegserfahrungen. Ein neues Management braucht auch ein neues Image, würde man heute sagen. Also entstanden die stolzen deutschen Einheitslokomotiven, von denen viele noch das Ende der Dampflokära erlebten.

Ganz neue Aufgaben wurden der Bahn im Zweiten Weltkrieg gestellt. Anstelle eines krönenden Abschlusse der Dampftraktion mussten tausende von Kriegsloks in einfachster Bauweise den Nachschub bewältigen.

Das endgültige Ende der Dampflok begleiteten zuletzt noch einige Nachkriegsbaureihen.

Lokomotiven vom Beginn des technischen Zeitalters
Das 19. Jahrhundert lässt grüßen

Gegenstände aus der Anfangszeit der Technik üben einen eigenartigen, nostalgischen Reiz auf den Menschen von heute aus. Das gilt gleichermaßen für kleine und große Geräte und Maschinen. Und ganz besonders für Dampfmaschinen und Dampflokomotiven aus dieser Zeit.

Natürlich konnte man in den 70er Jahren des vergangenen Jahrhunderts nicht mehr erwarten, im Alltagsbetrieb der Eisenbahn, in dem die Ära der Dampflokomotive insgesamt schon einem schnellen Ende zustrebte, noch solche Relikte der Vergangenheit im Betrieb zu erleben.

Mehr als 70 Betriebsjahre waren auch für die noch so robust konstruierten Lokomotiven unserer Vorfahren zu viel des Guten. Wirklich? Warum so schnell aufgeben? Von alten Kinofilmen beflügelt, wollte ich unbedingt noch einmal den Reiz einer ganz alten *Bimmelbahn* erleben. Und sie waren tatsächlich noch zu finden, die alten *Dampfrösser* unserer Großeltern, von denen soviel Aufregendes an kalten Winterabenden in der gemütliches Stube erzählt wurde.

In Österreich bescherte mir die Mitfahrt auf dem Führerstand der kleinen aus dem Jahre 1890 stammenden und von dem berühmten Österreichischen Lokomotivkonstrukteur *Gölsdorf* gebauten Zahnradlokomotiven der Steirischen Erzbergbahn unvergleichliche Erlebnisse. Bei der GySEV, einer ungarisch-österreichischen Privatbahn, dampfte noch eine Lok aus dem Jahr 1873. In Polen, Rumänien und Ungarn fuhren noch uralte Dampflokomotiven auf Schmalspurgleisen.

In Südafrika und vor allem auf Java gab es noch den echten *Time-Tunnel*: Alltagsbetrieb wie im 19. Jahrhundert. Auf Java hatte sich alles geändert, das Staatswesen, die Städte, die Menschen. Nur die Eisenbahn dampfte noch wie in längst vergangenen Zeiten......Man lebte gleichzeitig im 19. und im 20 Jahrhundert!

Aber in Deutschland? Dem Übergang von den Länderbahnen zur Deutschen Reichsbahn-Gesellschaft waren fast alle alten Splitterbaureihen zum Opfer gefallen. Schließlich war ja genau diese Rationalisierung ein wesentlicher Grund für die Gründung gewesen.

Aber da gab es immer noch Jubiläumsveranstaltungen der vielfältigsten Art. Bahnhofsjubiläen, Streckenjubiläen, Ausbesserungswerksjubiläen. Und schließlich das groß gefeierte 150jährige Jubiläum der deutschen Eisenbahnen. Es waren Anlässe, bei denen alle alten Relikte, die, noch stolz im Verborgenen aufbewahrt, für wenige Tage ans Licht der Öffentlichkeit gebracht wurden, um vom Publikum begeistert gefeiert zu werden.

Vielfalt der Konstruktionen
Länderbaureihen als Ausdruck des deutschen Partikularismus

Das Netz der deutschen Eisenbahnen hatte 1910 schon eine Ausdehnung von über 50 000 km erreicht. Es war aber keineswegs ein einheitliches deutsches Eisenbahnsystem mit Betriebsmitteln, die nach einheitlichen technischen Normen konstruiert und gebaut wurden. Dem 1871 sinnigerweise in Versailles gegründeten Deutschen Reich mangelte es noch immer an einer einheitlichen „Deutschen Eisenbahn". Die ließ noch auf sich warten.

Vorerst erlebte ein Eisenbahnreisender der Zeit vor dem Ersten Weltkrieg eine Vielfalt von deutschen Länderbahnen:

- Preußisch-Hessische Staatseisenbahnen
- Bayerische Staatseisenbahnen
- Sächsische Staatseisenbahnen
- Badische Staatseisenbahnen
- Württembergische Staatseisenbahnen
- Oldenburgische Staatseisenbahnen
- Mecklenburgische Friedrich-Franz-Bahn
- Reichseisenbahnen Elsass-Lothringen,

dazu noch eine Reihe größerer Privatbahnen, von denen die stets an der Spitze des Fortschritts fahrende Lübeck-Büchener-Eisenbahn mit ihrem umfangreichen Bäderverkehr von Hamburg an die Ostsee erwähnt werden soll.

Der deutsche Partikularismus mit seinen vielen Verwaltungsbezirken und innerdeutschen Zollgrenzen, die erst mit der Gründung des Zollvereins langsam abgebaut werden konnten, spiegelt sich natürlich auch bei den Staatseisenbahnen wider. Jeder deutsche Staat hatte seine eigenen Geseze und seine eigenartigen technischen Baugrundsätze. Natürlich auch seine eigenen Lokomotivfabriken. Auf dem Höhepunkt der Eisenbahnentwicklung in Deutschland zeigte sich Anfang des 20. Jahrhunderts auf diese Weise ein Lokomotivpark von rund 30 000 Maschinen mit weit über 750 000 Eisenbahnwagen. Es gab natürlich auch ein von Staat zu Staat unterschiedliches Signalwesen und auch die Oberbaunormen variierten. Alles in allem tummelte sich auf den deutschen Eisenbahngleisen ein schrill buntes Gemisch aus leistungsfähigen, prototypartigen und teilweise auch aus skurrilen Entwürfen entstandener Lokomotivpark in schier unübersehbarer Vielfalt.

Die Konkurrenz der deutschen Lokomotivfabriken hatte allerdings auch Vorteile. Alle Staatseisenbahnen versuchten bei ihren Lokomotiventwürfen in immer neuen Entwicklungen, die Führung in Bezug auf Geschwindigkeit, Wirtschaftlichkeit, Bedienbarkeit, Langlebigkeit, Betriebssicherheit, Aussehen, Unterhaltung etc. zu erreichen.

So also war das Bild, das sich den Organisatoren der Deutschen Reichsbahn-Gesellschaft 1920 bot. Die Aufgabe einer Vereinheitlichung des Lokomotiv- und Wagenparks war eine echte Herausforderung. Es gab nur eine vernünftige Entscheidung: Die von den Ländern bestellten Lokomotiven einzureihen und dann mit einem gewaltigen Einheitslokomotiven-Bauprogramm bis 1950 Ersatz für alle die hunderten von Länderbauart-Lokomotiven zu beschaffen und den Betrieb bei der Deutschen Reichsbahn zu vereinheitlichen und zu rationalisieren, wobei gleichzeitig auch noch der gesamte Oberbau einheitlichen Normen unterworfen werden musste.

Die Aufgabe war gestellt, die Planung begann. Erste Konstruktionen nahmen Gestalt an. Das war der angenehmere Teil der Arbeit bei der DRG. Daneben galt es den übernommenen Lokomotiv- und Wagenpark zu sichten, zu bewerten und auf seine weitere Verwendbarkeit hin einzuteilen und neu den deutschen Bahnbetriebswerken zuzuteilen. Eine erste Ausmusterungswelle war die schnelle Folge. Die Deutsche Reichsbahn-Gesellschaft befreite sich von den meisten, noch im 19. Jahrhundert in den Lokomotivpark eingereihten Maschinen, die den künftigen Anforderungen mit Sicherheit nicht mehr gewachsen waren.

Die leistungsfähigen Vertreter der Länderbaureihen mussten allerdings noch für Jahrzehnte im Einsatzbestand verbleiben und vor allem den flächendeckenden Personen- und Güterverkehr bestreiten. Sie sollten in einigen Exemplaren noch das Ende der Dampftraktion erleben.

Konzentration der Kräfte
Einheitslokomotiven prägen das Bild der Deutschen Reichsbahn

So wie *Richard Garbe* zum Inbegriff für die Entwicklung der Heißdampflokomotiven der preußischen Staatsbahnen, ihre Schlichtheit und Leistungsfähigkeit wurde und *Anton Hammel* für die Eleganz der bayerischen Vierzylinder-Verbund-Schnellzuglokomotiven stand, prägte *Richard Paul Wagner* das Bild der deutschen Einheitslokomotiven. Alle drei waren kantige, durchsetzungsstarke und auch durch anfängliche Misserfolge nicht zu bremsende, außergewöhnliche Persönlichkeiten.

Die Schaffung einer einheitlichen deutschen Eisenbahn ist wahrlich eine gigantische Aufgabe gewesen. Das ist schon im vorigen Abschnitt über die deutschen Länderbahnen angesprochen. Hier wollen wir von allen Aktivitäten nur die Schaffung der Einheitslokomotiven anklingen lassen.

Zur Entwicklung einheitlicher Baunormen für ganz Deutschland wurde der „*Fachausschuss Lokomotiven bei der Deutschen Reichsbahn*" gegründet, dem auch die Entwicklung eines Typenprogramms oblag, das für jede Aufgabe nur eine Lokomotivbaureihe vorsah, die dann in ganz Deutschland eingesetzt werden sollte. Aus heutiger Sicht ist nicht leicht zu erkennen, warum diese Aufgabe schwierig sein sollte. Aber sie war es durch die widerstreitenden Meinungen der einzelnen Konstruktionsschulen, die natürlich ihre Erfahrungen einbringen und ihre Vorstellungen durchsetzen wollten. Denken Sie zum Beispiel an die süddeutsche Schule der Vierzylinder-Verbundlokomotiven im Gegensatz zu den viel schlichteren Zweizylindermaschinen der Preußen. Ein Kompromiss war oft nur durch die parallele Entwicklung von mehreren Prototypen zu erreichen, von denen die mit der besten Performance schließlich in Serie ging. Bei den endgültigen Entscheidungen spielte natürlich auch die Stärke des Einflusses der Kontrahenten eine Rolle, bei der die preußischen Mitglieder wegen der Größe der ehemaligen KPEV meist das Übergewicht hatten. Diese preußische Fraktion, in der auch die Lokomotivfabriken Borsig und Henschel kräftig mit-mischten, sorgte schließlich für die Entwicklung neuer Einheitslokomotivtypen anstelle des Weiterbaus der schon bewährten Baureihen.

Während der Typenplan für die neuen Konstruktionen vergleichsweise schnell realisiert werden konnte, lief der Bau der Einheitslokomotiven nur schleppend an. Wegen der ständigen Wirtschaftskrise in den 20er Jahren und den beschränkten finanziellen Mitteln konzentrierte man sich zuerst auf eine imageträchtige Baureihe. Das konnte natürlich nur eine Hochleistungs-Schnellzuglokomotive sein, die wegen der ständigen Querelen gleich in drei Ausführungsformen konstruiert und in Prototypen 1925 gebaut wurde. Die endgültige Entscheidung fiel zugunsten der Baureihe 01, einer 2'C1' h2-Lokomotive mit für die neuen Einheitsbaureihen charakteristischem Aussehen. Das äußere Bild der Deutschen Reichsbahn-Gesellschaft war geboren und sollte die nächsten Jahrzehnte prägen.

Während in den 20er Jahre und Anfang der 30er Jahre die wichtigsten Vertreter für die Ablösung der Länderbaureihen entstanden (man denke an die Baureihen 01, 03, 44, 64, 80, 86), verschob sich der Schwerpunkt mit Beginn des Dritten Reiches in zwei neue Richtungen. Einmal galt es die angebliche Überlegenheit der deutschen Staatsform mit äußerlich glänzenden Konstruktionen zu symbolisieren, die allerdings im praktischen Einsatz kaum eine Rolle spielten (z.B. die Baureihen 05, 06, 19). Vor allem aber konzentrierte man sich auf die Entwicklung leistungsfähiger Güterzuglokomotiven, um den geplanten militärischen Aufmarsch logis-tisch auch bei der Eisenbahn abzusichern, denn das (auch dem Eisenbahnministerium unterstehende!) Netz der Reichsautobahnen war erst im Aufbau begriffen. So entstanden vor allem Lokomotiven der Baureihen 41, 44 und 50.

Der vielleicht von den Konstrukteuren erhoffte krönende Abschluss der Dampflokomotive bei der Deutschen Reichsbahn fiel den Kriegsvorbereitungen und den neuen Schwerpunkten der Lokomotivkonstruktion im Krieg zum Opfer.

Not macht erfinderisch
Die Kriegslokomotiven des Großdeutschen Reiches

Die Entwicklung von sogenannten Kriegslokomotiven – das sind Lokomotiven, die bei Erhaltung ihrer Leistungskraft von allen nicht unbedingt für den Betrieb notwendigen Bauteilen befreit und nach einheitlichen Baugrundsätzen für eine reibungslose Ersatzteilbeschaffung unter Kriegsbedingungen konstruiert wurden – geht auf die teilweise leidvollen Erfahrungen des Ersten Weltkrieges zurück.

Die damalige Vielfalt der Länderbaureihen mit ihren unterschiedlichen Anforderungen an Unterhaltung und Ersatzteile stellte während des gesamten Kriegsverlaufes ein unlösbares Problem dar und verhinderte schnelle operative Entscheidungen. Güterzulokomotiven wie die preußische G12, bei der zum ersten Mal die Leistungsanforderungen an eine Kriegslokomotive angedacht waren, kam für den Einsatz im Kriege zu spät.

Bei der DRG hatte man aus diesen Erfahrungen zuerst wenig gelernt. Zwar war die Schaffung von Einheitslokomotiven immer auch unter kriegsstrategischen Gesichtspunkten zu sehen, vorerst aber hatte die Wehrmachtsführung wegen ihrer Blitzkriegstrategie kein Interesse an speziellen Lokomotivkonstruktionen. Diese Einstellung änderte sich mit den bis dato ungeahnten Anforderungen, die der Russlandfeldzug an die logistischen Fähigkeiten der Deutschen Reichsbahn stellte. Als abzusehen war, dass dieser Feldzug keineswegs blitzkriegartig verlaufen würde, sondern frühestens nach Jahren eines erbitterten und hohe Verluste fordernden Kampfes beendet werden könnte, ging die Aufgabe der Konstruktion und des Baus geeigneter Lokomotivbaureihen 1942 an das Rüstungsministerium über.

In außerordentlich kurzer Zeit wurde aus der Baureihe 50 zuerst eine Type 50 ÜK entwickelt, wobei ÜK für „Übergangskriegslok" stand, und danach die als Baureihe 52 seither zu legendärem Ruhm gekommene erste Kriegslok. Die Übergangstype war notwendig, um ohne zeitliche Unterbrechung der Produktion – das Rüstungsministerium forderte mindestens 3000 Güterzug

lokomotiven im Jahr 1942 – die Umstellung auf die Baureihe 52 vornehmen zu können.

So begann der forcierte Bau einer nur für einen Kriegseinsatz von wenigen Jahren konzipierten Dampflokomotive , die so ganz anders, als man es sich vorgestellt und gewünscht hätte, zum krönenden Höhepunkt und eigentlichen Abschluss der Dampftraktion in vielen europäischen Ländern werden sollte. Bei allen unter deutscher Herrschaft stehenden europäischen Lokomotivfabriken wurden in weniger als drei Jahren über 6000 1'E h2-Kriegsloks der BR 52 unter Kriegsbedingungen hergestellt und sofort den für den Nachschub zuständigen Dienststellen zugeteilt. Diese Lokomotiven waren trotz der Verwendung von teilweise für einen langjährigen Einsatz ungeeigneten Materials bei den Bahnverwaltungen von Holland, Belgien, Luxemburg, Frankreich, Jugoslawien, Österreich, Ungarn, Polen, Bulgarien, Rumänien, Sowjetunion und Deutschland (DR) bis zum Ende der jeweiligen Dampftraktion im Alltagsbetrieb zu sehen und stellten in dieser Form das eigentliche Ende des europäischen Dampflokbaus dar .

Neben der viele Jahre allgegenwärtigen Kriegslok der Baureihe 52 gab es noch die Baureihe 42, die allerdings eine vergleichsweise geringere Rolle spielte. Als schwerere Variante für den Nachschub in die besetzten Teile der Sowjetunion wurde bei der Wiener Lokomotivfabrik eine 1'E h2-Lokomotive entwickelt, die 1943 in Produktion ging und von der noch rund 650 Maschinen bis zum Kriegsende zum Einsatz gelangten. Wegen ihrer sehr korrosionsanfälligen Brotan-Kessel mussten diese Lokomotiven relativ bald nach Kriegsende ausgemustert werden und erreichten deshalb bei weitem nicht die Berühmtheit der Baureihe 52.

Von der Baureihe 52 gab es auch eine Ausführung mit Kondenstender, um auf der außerordentlich langen Fahrt an die sowjetrussische Front vom ständigen Wasserfassen in von Partisanen verseuchten Gebieten unabhängig zu werden. Diese Bauart wurde ebenfalls bald nach Kriegsende ausgemustert.

Neubeginn nach dem Zusammenbruch
Der Traktionswandel beendet die Dampflokzeit

Das Ende des Zweiten Weltkrieges mit seinen ungeheuren Zerstörungen beendete vorerst jede Weiterentwicklung deutscher Dampflokomotiven. Neue Konstruktionen waren durch Kontrollratsbeschluss bis zur Gründung von Bundesrepublik und Deutscher Demokratischer Republik bis 1949 überhaupt verboten.

Auf den Gebieten der späteren BRD und DDR bot die Eisenbahn bei Kriegsende ein trauriges Bild der Zerstörung. Erste Aufgabe war es deshalb, die Relikte des Krieges zu entfernen und mit dem noch vorhandenen Fuhrpark einen provisorischen Eisenbahnverkehr in den vier Besatzungszonen wieder aufzunehmen. Über 150 Lokomotivbaureihen mussten notdürftig repariert und wieder eingesetzt werden. Um die einsatzfähigen Lokomotiven aufzustocken, wurden rund 100 Maschinen aus noch vorhandenen Ersatzteilen gebaut.

Das Bild änderte sich ab 1949 entscheidend. Sowohl bei der DB als auch bei der DR fanden Überlegungen über Neubaulokomotiven statt, die in der Zukunft den aus der Vorkriegszeit gewohnten Eisenbahnverkehr wieder gewährleisten und möglichst verbessern sollten. Eine der Grundüberlegungen war die Frage nach der zukunftsweisendsten Traktionsart. In diese Überlegungen flossen nicht nur die Erfahrungen der Deutschen Reichsbahn-Gesellschaft ein, sondern natürlich auch die der Eisenbahnen der Besatzungsmächte. Sowohl in den USA als auch in der Sowjetunion hatte man seit Jahren Strecken-Diesellokomotiven mit gutem Erfolg eingesetzt. Von diesen Erfahrungen ausgehend, konzentrierte sich die langfristige Planung sowohl bei der DB als auch bei der DR auf die Ablösung der Dampflok und den Ersatz durch leistungsfähige Dieselfahrzeuge.

In der Bundesrepublik gab es darüber hinaus langjährige Erfahrungen mit der elektrischen Traktion, die als eleganteste Lösung für den Reiseverkehr und den Gütertransport angesehen wurde.

Von allen militärstrategischen Überlegungen befreit, entschied man sich bei der DB auf die möglichst mittelfristig – also im Zeitraum von gut 10 Jahren – zu erreichende Umstellung aller Hauptbahnen auf die elektrische Traktion. Alle anderen Strecken sollten auf Dieselbetrieb umgestellt werden, denn Dieseltreibstoff stand in unbeschränkter Menge preiswert zur Verfügung.

Das war die Situation Anfang der 50er Jahre für die Dampftraktion. Eine langfristige Zukunft wurde für die Dampflokomotive nicht mehr gesehen. Die trotzdem – vielleicht wegen der vorhandenen Kompetenz der Lokomotivfabriken – noch geplanten Neubaureihen der DB standen von vornherein wegen der geschilderten Situation unter einem ungünstigen Stern. So ist es aus heutiger Sicht eigentlich nicht verwunderlich, dass keiner der Neubaulokreihen ein wirklicher Erfolg beschieden war. Sie wurden entweder nur als Prototypen (BR 10, BR 66) oder in geringen Stückzahlen (BR 23, BR 65, BR 82) gebaut oder kamen aus dem Planungsstadium nie heraus. Für die vorgesehene Ablösung noch unverzichtbarer Länderbaureihen konnte sich keine Konstruktion qualifizieren.

Durch die schwierigen Umstände bedingt waren die Konstrukteure in der DDR erfolgreicher. Während die Erfolge bei den Neukonstruktionen ähnlich gering wie bei der DB ausfielen, konnte die DR mit der sogenannten Rekonstruktion noch in großer Stückzahl vorhandener Einheits-, Kriegs- und sogar Länderbaureihen einen eindrucksvollen Erfolg feiern. Durch die neue Ausrüstung mit geschweißten Kesseln und modernen Zubehörbauteilen entstanden praktisch neue Lokomotiven, welche die Lebensdauer der für einen langen Einsatzzeitraum ausgelegten Bauteile bis zum auch bei der DR unvermeidlichen Ende der Dampftraktion bei Erhaltung der vollen Leistungsfähigkeit ausdehnen konnte.

Zu erwähnen ist auch noch eine in Ost und West vorgenommene Ausrüstung von Hochleistungslokomotiven mit einer Ölhauptfeuerung, die gewissermaßen zu einer Hybridtraktion führte: vorne Dampflok, hinten der Dieselvorrat.

Jetzt sind Sie für das Erscheinungsbild der deutschen Dampflokomotiven von gestern gerüstet.

DRG 01   DB 001

Zum Inbegriff der Einheitslokomotiven der Deutschen Reichsbahn-Gesellschaft wurde die legendäre Baureihe 01, die ab 1925 zuerst in zwei Ausführungsformen als 2'C1' h4v (BR 02) und als 2'C1' h2 (BR 01) gebaut wurde. Im Betrieb stellte sich heraus, dass, entgegen den Erwartungen speziell der süddeutschen Einsatzdienststellen, die Zweizylinderausführung deutlich wirtschaftlicher war. Ab 1937 wurden deshalb die 10 Lokomotiven der Baureihe 02 in 01 umgebaut.

Nach dem Kriege verblieben 166 Lokomotiven bei der DB, deren Schäden gleich nach dem Umbruch ausgebessert wurden.

Ab 1950 wurden 50 Maschinen mit großrädrigem Drehgestell mit neuen geschweißten Hochleistungskesseln ausgestattet (ohne Änderung der Betriebsnummer), die sich allerdings im Alltagsbetrieb kaum besonders auszeichneten.

Bedingt durch die fortschreitende Elektrifizierung und die Einstellung von Hochleistungsdiesellokomotiven schrumpfte das Einsatzgebiet der Baureihe 01 bis 1970 auf wenige Schnellzugstrecken der Dienststelle Hof zusammen

Die Eisenbahnfreunde konzentrierten sich dabei vor allem auf die berühmte *Schiefe Ebene*, den steilen Übergang über die Ausläufer des Fichtelgebirges zwischen Neuenmarkt-Wirsberg und Marktschorgast. Dort konnte bis 1973 die Baureihe 01 unter Volllast beobachtet werden.

Indienststellung: 1925-38
Anzahl: 241 (davon 10 aus Baureihe 02),
     davon 166 (116) bei der DB
Hersteller: AEG, Borsig, Henschel, Hohenzollern, Krauss-Maffei, Krupp, Schwartzkopff

Achsanordnung: 2'C1' h2
Treibraddurchmesser: 2000 mm
Laufraddurchmesser: vorne: 800 mm, ab 01 102: 1000 mm, hinten: 1250 mm
Länge über Puffer: 23 940 mm
Achsdruck: 19,9 Mp
Tender: 2'2' T 32 bzw. 2'2' T 34
Dienstgewicht: 108,9 Mp
Leistung: 2 240 PSi
Höchstgeschwindigkeit: 120, ab 01 102: 130 km/h

Letzte Einsätze: Im Schnellzugdienst auf der Strecke Bamberg-Hof über die Steilstrecke der *Schiefen Ebene*. Der Einsatz endete mit Beginn des Sommerfahrplans 1973.

Auf den beiden Bildern unten kann man sehr deutlich den äußeren Unterschied zwischen dem Altbaukessel (links) und dem Hochleistungskessel (rechts) erkennen.

Bilddaten

2o	Autor am 15.04.78 im Depot Pyskowice (Polen)
6	ex DRG 52 hier ÖBB 52.6084 am 16.11.1974 bei der Ausfahrt aus dem Bf Wulkaprodersdorf
9	DB 001 131-2 am 22.03.73 Ausfahrt Bf Seulbitz
11	DB 82 021 mit EK-Zug am 09.01.72 im Nistertal
12	Nachbau der ersten Dampflok *Adler* bei der Jubiläumsveranstaltung am 15.05.85 in Nürnberg
13	GySEV Nr.17 am 22.11.75 bei Antau (Burgenland)
14	DB 078 453-8 am 26.05.72 bei Horb
16	DB 044 387-9 am 06.04.72 Ausfahrt Gbf Ehrang

18	ÖBB 52.7594 am 11.06.77 im Bf Gutenstein
20	DB 023 072-2 am 21.09.72 im Bf Lauda
22	DB 001 103-1 am 23.03.73 vor E 1648 Bf Hof
23ul	DB 001 173-4 mit Altbaukessel am 23.03.73 Bw Hof
23ur	DB 001 103-1 mit Rekokessel am 23.03.73 Bw Hof
24o	DB 001 180-9 am 20.01.73 bei Poppenreuth
24m	DB 001 180-9 am 20.01.73 bei Poppenreuth
24u	DB 001 vor E 658/852 am 19.03.73 bei Pulschnitz
25	DB 001 088-4 am 26.11.72 auf der *Schiefen Ebene*
26ol	DB 001 234-4 am 24.03.73 bei Marktschorgast

Bilddaten

26or DB 001-Zugkreuzung im Bf Falls. DB 001 088-4 vor E 1622 begegnet DB 052 779-6 vor P 2805 am 24.03.72.

26ul DB 001 131-2 am 19.03.73 bei Senftenberg

26ur DB 001 088-4 am 26.11.72 auf der *Schiefen Ebene*

27ol DB 001 211-2 am 23.03.73 Ausfahrt Bf Hof

27or DB 001 088-4 am 20.01.73 Ausfahrt Bf Münchberg

27ul DB 001 180-9 am 19.03.73 Ausfahrt Bf Münchberg

27ur DB 001 211-2 am 22.03.73 Ausfahrt Bf Seulbitz

28o DB 001 111-4 am 22.03.73 bei Seulbitz

28u DB 001 234-4 am 24.03.73 bei Marktschorgast

29or DB 001 111-4 am 18.03.73 bei km 99.7

29u DB 001 088-4 am 16.07.72 bei Münchberg

30 DR 01 2114-5 am 16.03.72 im Bw Helmstedt

31u DR 01 2114-5 am 16.03.72 im Bw Helmstedt

32 DR 01 0530-4 am 17.02.73 vor Hönebach

33u DR 01 0501-5 und 01 0533-8 vor dem immer mit Spannung erwarteten D 197, der normalerweise aus Umlaufgründen mit Doppeltraktion geführt wurde und die 01.5 besonders gut zur Geltung brachte.

DRG 01 DR 01²

Von den 241 Schnellzuglokomotiven der Baureihe 01 verblieben 65 Maschinen bei der DR. Von ihnen wurden 35 Stück einer Rekonstruktion zur Baureihe 01⁵ unterworfen. Die restlichen 30 Lokomotiven erhielt die DR in ihrer ursprünglichen Form mit großen Wagner-Windleitblechen.

Bis zum Sommerfahrplan 1973 konnten diese legendären Dampflokomotiven der DRG auch auf bundesdeutschem Territorium zwischen der Grenze zur DDR und Helmstedt problemlos vor Interzonenzügen fotografiert werden.

Indienststellung: ab 1925
Anzahl: 241, davon 65 (30) bei der DR
Hersteller: siehe DB 01
Achsanordnung: 2'C1' h2, Achsdruck: 20,2 Mp
Treibraddurchmesser: 2000 mm
Laufräder: 800/1000 bzw. 1250 mm
Länge über Puffer: 23 940 mm
Tender: 2'2' T 32 bzw. 2'2' T 34
Dienstgewicht: 108,9 Mp
Leistung: 2 240 PSi
Höchstgeschwindigkeit: 120 km/h

ex DRG 01   DR 01.05

Nach dem Krieg und der Ausbesserung der schwersten Schäden an den übernommenen Dampflokomotiven der DRG beschloss die DR wegen des erst für Ende der 70er Jahre geplanten Traktionswandels ein umfangreiches Rekonstruktionsprogramm, dem Lokomotiven der Baureihen 01, 39, 50, 52 und 58 unterworfen wurden.

Ab 1963 bis 1965 erhielten 35 Lokomotiven der Baureihe 01 neue geschweißte Hochleistungskessel, Teilverkleidung, neue Drehgestelle, Trofimoffschieber und teilweise Boxpok-Radsätze. Letztere konnten 1972 noch an der im grenzüberschreitenden Verkehr eingesetzten 01 0507-2 bewundert werden. Mit Ausnahme der aus Russland übernommenen Boxpok-Räder bewährten sich diese eleganten Maschinen ganz hervorragend. Sie sind ein Beweis für die Möglichkeiten, die bei Ausschöpfung aller Konstruktionsreserven in dieser Einheitsbaureihe steckten und die bei der DB dem früher beginnenden Traktionswandel zum Opfer fielen.

Ab 1964 rüstete das RAW Meiningen alle rekonstruierten Maschinen mit Ölhauptfeuerung aus. Die 01 519 war die erste serienmäßig mit dieser Feuerung versehene Dampflokomotive der DR.

Indienststellung: 1962-65
Anzahl: 35
Hersteller: Rekonstruktion durch das RAW Meiningen
Achsanordnung: 2'C1' h2
Treibraddurchmesser: 2000 mm
Länge über Puffer: 24 330 mm
Laufräder: 1000 bzw. 1250 mm
Achsdruck: 20,2 Mp
Tender: 2'2' T 34
Dienstgewicht: 111,0 Mp
Leistung: 2 240 PSi
Höchstgeschwindigkeit: 130 km/h

Letzte Einsätze: Auf dem Territorium der Bundesrepublik konnte diese Baureihe vor Interzonenzügen bis zum Sommerfahrplan 1973 zwischen Obersuhl und Bebra sowie Büchen und Hamburg-Altona beobachtet und fotografiert werden. Auch in West-Berlin gab es einige interessante Fotopunkte.

In der DDR wurden diese herrlichen Maschinen danach immer mehr in untergeordnete Dienste abgedrängt, bis ihr Einsatz Anfang der 80er Jahre unspektakulär endete.

ex DRG 01¹⁰   DB 011

Als Nachfolger der Baureihe 01 bestellte die DRG bei der Firma Schwartzkopff eine 2'C1' h3-Lok mit Stromlinienverkleidung. Wegen des beginnenden Krieges wurde die Serienfertigung nach 55 Maschinen abgebrochen. Alle Lokomotiven gelangten in den Westen zur DB. Nach Entfernung der Verkleidungen wurden 54 Maschinen mit neuen Hochleistungskesseln ausgerüstet, von denen 34 später auch noch Ölhauptfeuerung erhielten. Die restlichen 20 kohlegefeuerten Lokomotiven wurden 1968 zur Baureihe 011 umnummeriert.

Indienststellung: 1939-40
Anzahl: 55
Hersteller: Schwartzkopff
Achsanordnung: 2'C1' h3
Treibraddurchmesser: 2000 mm
Laufräder: 1000 bzw. 1250 mm
Länge über Puffer: 24 130 mm
Tender: 2'3 T 38
Dienstgewicht: 110,8 Mp
Leistung: 2350 PSi
Höchstgeschwindigkeit: 140 km/h

ex DB 01¹⁰

DB 012

Von den 54 von der DB eingesetzten Lokomotiven der Baureihe 01¹⁰ der DRG, die zwischen 1953 und 1958 neue Hochleistungskessel erhalten hatten, wurden 1958/59 35 Maschinen mit Ölhauptfeuerung ausgerüstet. Im Zuge der Einführung von computergerechten Betriebsnummern wurden diese Lokomotiven unter der neuen Baureihe 012 zusammengefasst.

Obwohl die Baureihe 012 die leistungsstärkste Dampflok der DB darstellte, konnte sie diesen Ruf rein optisch doch kaum unter Beweis stellen. Ausschließlich im Flachland eingesetzt, waren ihre Vorbeifahrten mit meist relativ leichten Reisezügen im Bäderverkehr zu den Nordseeinseln durchweg recht unspektakulär.

Die Originalkonstruktion war ganz auf die windschnittige Stromlinienverkleidung hin entworfen. In dieser Ausführung konnte sie wegen des Krieges jedoch nicht mehr zur Geltung kommen.

Indienststellung: 1939-40
Anzahl: 55 (davon 35 mit Ölhauptfeuerung)
Hersteller: Schwartzkopff

Achsanordnung: 2'C1' h3
Treibraddurchmesser: 2000 mm
Laufräder: 1000 bzw. 1250 mm
Achsdruck: 20,2 Mp
Länge über Puffer: 24 130 mm

Tender: 2'3 T 38
Dienstgewicht: 110,8 Mp
Leistung: 2470 PSi
Höchstgeschwindigkeit: 140 km/h

Letzte Einsätze: Bis zum Sommerfahrplan 1975 auf den Strecken Rheine-Emden-Norddeich Mole und Hamburg-Altona über den Hindenburgdamm auf die Insel Sylt

Bilddaten

34o DR 01 0519-7 am 03.09.1973 vor D 1100 bei Berlin-Kohlhasenbrück aus Richtung Potsdam kommend beim Durchfahren der Berliner Mauer, fotografiert von einer Brücke direkt an der Grenze

34u DR 01 0507-2 und 01 0528-8 am 01.02.1973 vor D 197 kurz nach der Ausfahrt aus dem Bf Bebra

35or DR 01 532-0 mit D 217 in der langgezogenen Kurve von Ronshausen am 30.04.1973

35u Blick aus dem Tunnel in Richtung Hönebach mit DR 01 0529-6 vor D 200/454 am 30.04.1973

36o DR 01 0501-5 vor D 217 am 01.05.1973. Oberlokführer Werner Lange hat bei der Talfahrt wunschgemäß den Ölbrenner voll aufgedreht.

36u DR 01 0501-5 am 17.02.1973 bei Ronshausen

37 DR 01 0507-2 am 24.02.1973 vor Tunnel Hönebach

38 DB 011 062-7 am 01.09.1971 im Bw Münster

39u DB 011 065-0 am 08.07.1971 im Aw Braunschweig

40 DB 012 081-6 am 19.04.1974 Bf Norddeich

41u DB 012 063-4 am 01.11.974 bei Neermoor

42 DB 012 066-7 am 29.05.1975 auf der Stahlgitterbrücke bei Haar

43o DB 012 066-7 am 16.03.1974 Block Deves

44 DB 012 081-6 am 01.11.1974 Bf Norddeich

45 DB 012 081-6 am 02.11.1974 Bf Norddeich-Mole Dieser Bf war einzigartig: ein Kopfbahnhof mit Schnellzugbetrieb bei nur einem Bahnhofsgleis!

DRG 03   DB 003

Der Oberbau der deutschen Hauptstrecken war Ende der 20er Jahre noch nicht überall für einen Achsdruck von 20 t ausgelegt. Deshalb wurde als leichtere Variante der Baureihe 01 eine Schnellzuglokomotive mit zuerst 17, später 18 t Achslast entwickelt und in Dienst gestellt.

Die DB setzte 144 Maschinen ein, von denen Anfang der 70er Jahre nur noch wenige in Betrieb waren. Sie bedienten zuletzt die Strecke von Ulm nach Lindau.

Indienststellung: 1930 bis 1937
Anzahl: 298
Herst.: Borsig, Henschel, Krupp, Schwartzkopff
Achsanordnung: 2'C1' h2, Achsdruck: 18,2 Mp
Treibraddurchmesser: 2000 mm
Laufräder: 850, ab 03 123 1000 mm
Länge über Puffer: 23 905 mm
Tender: 2'2 T 30, 2'2' T 32, 2'2' T 34
Dienstgewicht: 100,3 Mp
Leistung: 1980 PSi,
Höchstgeschw.: 130 km/h

DB 10

Als letzten Neubau einer Dampflokomotive über- stellte die Firma Krupp 1958 zwei stromlinienför- mig verkleidete 2'C1' h3-Schnellzuglokomotiven an die DB. Sie waren ursprünglich als Prototypen für eine Maschine gedacht, die für den bundes- deutschen Schnellverkehr eingesetzt werden und die schon recht betagten Baureihen 01, 01[10] und 18 ablösen sollte. Bei einer Achslast von 21 t konnte diese Baureihe allerdings nur auf wenigen dafür zugelassenen Strecken zugelassen werden, was ihren Einsatz von vornherein beschränkte. Beide Maschinen wurden noch mit Ölhauptfeuerung ver- sehen und zunächst vom Bw Bebra eingesetzt.

Die schnell voranschreitende Elektrifizierung der Hauptstrecken verhinderte zunächst einen Weiter- bau dieser Baureihe, wegen ihrer bescheidenen Leistungen bald auch ihren Einsatz überhaupt. Nach kaum 11 Jahren wurde ihre Ausmusterung verfügt.

Indienststellung: 1958
Anzahl: 2
Hersteller: Krupp
Achsanordnung: 2'C1' h3
Treibraddurchmesser: 2000 mm
Laufräder: 1000 mm vorne und hinten
Achsdruck: 22,4 Mp
Länge über Puffer: 26 503 mm
Tender: 2'2' T 40
Dienstgewicht: 118,9 Mp
Leistung: 2500 PSi
Höchstgeschwindigkeit: 140 km/h

Letzte Einsätze: Im Bw Kassel stationiert wurde zuletzt das Eilzugpaar Kassel-Münster-Rheine be- dient, für das diese Maschine bei weitem überdi- mensioniert war. Nach mehreren technischen Aus- fällen musste die Baureihe dann 1968 ausgemus- tert werden.

Badische IVh DB 18³

Mit dieser Type begegnet uns die erste, noch aus der Länderbahnzeit stammende Schnellzuglokomotive der DB. Die von der Badischen Staatsbahn für die erste Teilstrecke des späteren Rheingold-Express von Basel nach Offenburg vorgesehene Schnellzuglokomotive der süddeutschen 2'C1' h4v-Bauweise wurde bei Maffei in München gebaut.

Diese badische Pazifikbaureihe stand Zeit ihres Einsatzes immer im Schatten ihrer bayerischen Konkurrentin. 18 Maschinen überstanden den Krieg, wurden aber wegen Bedarfsmangels schon bis auf 3 Exemplare 1948 ausgemustert. Die übrig gebliebenen Lokomotiven erhielt das BZA Minden für Laufversuche. Mit neuen Hochleistungskesseln ausgestattet, erreichten die Lokomotiven bei Testfahrten Geschwindigkeiten von über 160 km/h bei erstaunlicher Laufruhe.

Anfang der 70er Jahre endete der Dampflok-Versuchsbetrieb des BZA Minden. Die 18 323 wurde äußerlich mustergültig instand gesetzt und vor der Ingenieurschule in Offenburg aufgestellt. Die Bilder geben einen Eindruck von der Eleganz und der Schnittigkeit dieser Schnellzuglok aus dem Beginn des vergangenen Jahrhunderts, wobei besonders die riesigen Treibräder imponieren.

Indienststellung: 1918-20
Anzahl: 20
Hersteller: Maffei

Achsanordnung: 2'C1' h4v
Treibraddurchmesser: 2100 mm
Laufräder: 990 bzw. 1250 mm
Achsdruck: 17,9 Mp
Länge über Puffer: 23 230 mm

Tender: bad. 2'2 T 29,6
Dienstgewicht: 97,0 Mp
Leistung: 1950 PSi
Höchstgeschwindigkeit: 140 km/h

Letzte Einsätze: Versuchslok des BZA Minden

Bayerische S 3/6

DB 18⁴⁻⁶

Als Inbegriff einer süddeutschen Schnellzuglokomotive schlechthin galt von Anbeginn an die Vier-
zylinder-Verbundlokomotive der bayerischen Bauart S 3/6. Diese Bauart war in jeder Beziehung gelungen. Die 70 Maschinen der Unterbaureihe 18$^{4\text{-}5}$
wurden vor allem durch die Führung des legendären *Rheingold-Express* auch international bekannt und berühmt.

Den Krieg überstanden alle Maschinen. Die DB
musterte schwer beschädigte Vertreter dieser Baureihe sofort aus und unterzog 30 Lokomotiven der
Unterbaureihe 18^5 einer Modernisierung, wobei
zwischen 1953 und 1956 im Aw Freimann und Ingolstadt von Krauss-Maffei in Zusammenarbeit mit
dem BZA Minden entwickelte Hochleistungskessel
eingebaut wurden. Die so veränderten Maschinen
wurden in der Baureihe 18^6 zusammengefasst und
erhielten neue Betriebsnummern.

Trotz der Modernisierung wurden auch diese
Lokomotiven schon bis 1966 ausgemustert.

Indienststellung: 1923-31
Anzahl: 70
Hersteller: Maffei, Henschel

Achsanordnung: 2'C1' h4v
Treibraddurchmesser: 1870 mm
Laufräder: 950 bzw. 1206 mm
Achsdruck: 17,9 Mp
Länge über Puffer: 22 862 mm

Tender: bay 2'2' T 31,7
Dienstgewicht: 96,1 Mp
Leistung: 1950 PSi
Höchstgeschwindigkeit: 120 km/h

Letzte Einsätze: Auf der bayerischen Schnellzug-
strecke von Ulm nach Lindau am Bodensee

DB 023

Die Baureihe 23, eine 1'C1' h2-Konstruktion, war schon Ende der 30er Jahre von der DRG als Nachfolger der in großen Stückzahlen auf deutschen Gleisen laufenden preußischen P8 vorgesehen. Nach dem Krieg ließ die DB die Pläne überarbeiten und bestellte schon 1949 bei Henschel den Prototyp. Mit geringfügigen Änderungen lieferte vor allem Henschel bis Ende 1959 insgesamt 105 Maschinen dieser Baureihe. Sie wurde damit zur ersten und letzten und darüber hinaus auch zur am zahlreichsten gebauten Neubaumaschine der DB. Ihre letzten Einsatzbetriebswerke waren Bestwig, Crailsheim, Emden, Kaiserslautern, Lauda und Saarbrücken.

Indienststellung: 1950-59
Anzahl: 105
Hersteller: Henschel u.a.

Achsanordnung: 1'C1' h2
Treibraddurchmesser: 1750 mm
Laufräder: 1000 bzw. 1250 mm
Achsdruck: 18,9 Mp
Länge über Puffer: 21 325 mm

Tender: 2'2' T 31
Dienstgewicht: 82,8 Mp
Leistung: 1785 PSi
Höchstgeschwindigkeit: 110 km/h

Bilddaten

46o   DB 003 131-0 am 09.12.1971 bei Ensingen
46ur DB 003 131-0 am 09.12.1971 im Bw Ulm Hbf
47u   DB 003 088-2 am 09.12.1971 im Hbf Ulm
48   DB 10 001 am 12.07.1971 im Bw Kassel
49u   DB 10 001 am 12.07.1971 im Bw Kassel
      Der Leiter des Bahnbetriebswerkes scheute keine
      Mühe, um die bei ihm hinterstellte, schon längst
      ausgemusterte Lokomotive auf den Werkshof
      schleppen zu lassen. Nur so konnten diese halb-
      wegs akzeptablen Bilder entstehen.

50   DB 18 323 am 18.12.1974 vor der Ingenieurschule in
      Offenburg
51u   DB 18 323 am 28.12.1974 vor der Ingenieurschule in
      Offenburg. Diese letzte ehemals badische Pazifik-
      lok IVh war vor ihrer Ausmusterung jahrelang als
      Versuchslok im BZA Minden eingesetzt und zum
      Zeitpunkt der Aufnahme in frischem Glanz als Denk-
      malslokomotive aufgestellt. Der gerade vorüber ge-
      zogene Regenschauer unterstützt noch den Ein-
      druck einer fabrikneuen Maschine.

Bilddaten

52	DB 18 528 im Herbst 1971 vor dem Verwaltungsgebäude der Firma Krauss-Maffei in München-Allach
53u	Dieselbe Maschine aus einer anderen Perspektive
54	DB 023 054-0 am 28.07.1971 im Aw Trier
55u	DB 023 054-0 am 28.07.1971 im Aw Trier
56o	DB 023 058-1 am 22.04.1974 auf dem Viadukt Dornstetten der Strecke Eutingen-Freudenstadt
56u	DB 023 002-9 am 30.12.1974 im Bw Rottweil
57	DB 023 055-7 am 21.09.1972 Bf Lauda

58o	Lokomotiven der Baureihe 023 im Wintereinsatz auf
58m	der Strecke unweit von Schwäbisch Hall. Es herrschte eine Außentemperatur von deutlich unter 0°C. Die auf dem offenen Bauwagen beförderten Streckenarbeiter habe ich nicht gerade beneidet.
59ol	DB 023 038-3 am 21.09.1972 im Bf Lauda
59or	DB 023 061-5 am 21.09.1972 im Bf Lauda
59ul	DB 023 006-0 am 21.09.1972 im Bf Lauda
59ur	DB 023 072-2 am 21.09.1972 im Bf Lauda

DRG 24 **DB 24**

Im Bauprogramm der Einheitslokomotiven der DRG war die Baureihe 24 vor allem für die weiträumigen Flachlandstrecken in Pommern und Ostpreußen vorgesehen, die nur für einen Achsdruck von 15 Mp ausgelegt waren. Weitere Einsatzgebiete waren aber auch der Schwarzwald, der Niederrhein und Lübeck.

Die Maschinen bewährten sich von Anfang an ganz hervorragend und waren im Volksmund bald als *Steppenpferde* bekannt und beliebt. Nach dem Krieg verblieben 42 Maschinen bei der PKP in Polen, 5 Loks erhielt die DR.

Die bei der DB eingesetzten Maschinen blieben auf ihren Stammstrecken bis Ende 1966 im Einsatz.

Indienststellung: 1926-39
Anzahl: 95
Hersteller: Borsig, Hanomag, Henschel, Krupp, Linke-Hofmann, Schichau

Achsanordnung: 1'C h2
Treibraddurchmesser: 1500 mm
Laufräder: 850 mm
Achsdruck: 15 Mp
Länge über Puffer: 16 955 mm

Tender: 3 T 16, 3 T 17
Dienstgewicht: 57,4 Mp
Leistung: 920 PSi
Höchstgeschwindigkeit: 90 km/h

KPEV P8 DB 038

Die berühmteste deutsche Dampflok ist zweifellos die in einer Stückzahl von nahezu 4000 gebaute preußische P8, mit der ihrem Konstrukteur Robert Garbe nach langen Versuchen endlich der Durchbruch des Heißdampfprinzips gelang. Seine Konstruktion verkörperte alle Charakteristika einer preußischen Dampflok: dauerhaft leistungsfähig (sehr viele Maschinen erreichten eine Einsatzdauer von über 50 Jahren!), außerordentlich robust, leicht bedienbar, aber schmucklos und ohne überflüssigen Firlefanz. Weit über die Hälfte aller Maschinen versahen (teilweise schon zum zweiten Mal) besonders strapaziöse Kriegseinsätze hinter den Fronten in Osteuropa.

Die DB setzte die letzten Vertreter dieser Baugattung sinnigerweise nicht in Preußen, sondern in Württemberg ein, wo ihre Ausmusterung Ende Dezember 1974 mit Sonderfahrten und einem großen Fest im Bw Rottweil gefeiert wurde.

Indienststellung: 1906-23
Anzahl: > 3900
Hersteller: AEG, Borsig, Hanomag, Henschel, Hohenzollern, Humboldt, Karlsruher Maschinenbauanstalt, Linke-Hofmann, Schichau, Schwartzkopff, Union, Vulkan, Wolf

Achsanordnung: 2'C h2
Treibraddurchmesser: 1750 mm
Laufräder: 1000 mm
Achsdruck: 17,7 Mp
Länge über Puffer: 18 592 mm

Tender: pr 2'2' T 21,5, pr 2'2' T 31,5, 2'2' T30
Dienstgewicht: 78,2 Mp
Leistung: 1180 PSi
Höchstgeschwindigkeit: 100 km/h

Bilddaten

60 DB 24 009 am 18.11.1972 im Bf Brilon Wald
61u DB 24 060 am 01.05.1958 im Hbf Lübeck
62o DB 24 009 am 18.11.1972 auf dem Viadukt
    Willingen im Sauerland
62ul DB 24 009 am 18.11.1972 im Bf Brilon Wald
63o DB 24 009 am 03.12.1972 bei Remscheid
63ur DB 24 009 am 18.11.1972 im Bf Brilon Wald
64 DB 038 383-6 am 28.05.1972 bei Gummersbach
65u DB 038 382-8 am 09.10.1971 im Bw Tübingen
66 DB 038 772-0 am 25.05.1972 Ausfahrt Bf Horb
67ol DB 038 711-8 am 25.05.1972 Bf Schopfloch
67or DB 038 711-8 am 25.05.1972 Bf Schopfloch
67ml DB 038 711-8 am 25.05.1972 bei Altheim-Rexingen
67mr DB 038 711-8 am 25.05.1972 bei Altheim-Rexingen
68o DB 038 711-8 am 26.05.1972 bei Büttelbronn
68m DB 038 711-8 am 26.05.1972 Bf Hochdorf bei Horb

68u DB 038 650-9 am 12.10.1971 Bf Hochdorf bei Horb
69o DB 038 711-8 am 26.05.1972 vor Hochdorf
69m DB 038 650-9 am 12.10.1971 Viadukt Lauterbach
69u DB 038 711-8 am 25.05.1972 Bf Schopfloch
70 DB 39 230 am 03.10.1985 im Bw Bochum-
    Dahlhausen anlässlich der DB-Jubiläumsschau
71u DB 39 230 am 10.10.1985 in Bochum-Dahlhausen
72 DB 41 213 am 01.05.1958 im Hbf Lübeck
73u DB 41 213 am 01.05.1958 im Hbf Lübeck
74 DR 41 1099-5 im Sommer 1972 bei Jena
75u DR 41 1289-2 am 15.03.1976 im Bf Saalfeld
76 DB 042 113-1 am 05.04.1972 im Bw Rheine
77u DB 042 358-2 am 22.10.1971 im Bw Rheine
78 DB 042 264-3 am 23.10.1976 Block Deves
79o DB 042 105-7 am 01.11.1974 bei Meppen
79u DB 042 358-2 am 22.10.1976 bei Neermoor

KPEV P10

In den 20er Jahren klaffte im Lokpark der Preu-ßischen Staatsbahnen und der DRG vor allem eine Lücke bei den mittelgebirgstauglichen Personen-zuglokomotiven. Für diese Aufgabe kam nur die Konstruktion einer 1'D1'-Type in Betracht, wie sie sich im Ausland längst bewährt hatte. Von der KPEV und der DRG wurden insgesamt 260 Maschinen übernommen, die schon weitgehend dem Look der Einheitslokomotiven der DRG angepasst wa-ren. Sie erfüllten ihre Aufgabe mehr schlecht als recht und waren bei den Lokbesatzungen nicht sonderlich beliebt.

Die DB setzte die von ihr nach dem Krieg über-nommenen Lokomotiven dieser Bauart vor allem zwischen Stuttgart und dem Bodensee und zwi-schen Köln und Saarbrücken ein. 1967 endete der Einsatz in diesen Gebieten.

Indienststellung: 1922-27
Anzahl: 260
Hersteller: Borsig, Hanomag, Henschel, Karlsru-her Maschinenfabrik, Krupp, Linke-Hofmann

Achsanordnung: 1'D1' h3
Treibraddurchmesser: 1750 mm
Laufräder: 1000 und 1100 mm
Achsdruck: 19,4 Mp
Länge über Puffer: 22 980 mm

Tender: pr 2'2' T 31,5, 2'2' T 34
Dienstgewicht: 110,4 Mp
Leistung: 1620 PSi
Höchstgeschwindigkeit: 110 km/h

DRG 41 DB 041

DRG 41   DB 041

Mit der Baureihe 41 hatte die DRG eine Einheitslokomotive im Bauprogramm, die für Universalaufgaben vorgesehen war. Einerseits musste der leichte und mittlere Güterverkehr im Flachland beschleunigt werden. Zum anderen sollte die BR 41 auch für Personen- und Eilzüge im Mittelgebirgsland zur Verfügung stehen. Wegen ihres Achsdrucks von 20 Mp kam sie erst Ende der 30er Jahre nach dem Ausbau des Oberbaus zur Ausführung.

Nach dem Kriege verblieben 216 Maschinen bei der DB, von denen 1957- 61 102 Lokomotiven mit neuen Hochleistungskesseln und Ölhauptfeuerung versehen wurden.

Indienststellung: 1936-41
Anzahl: 366
Hersteller: Borsig, Henschel, Jung, Krauss-Maffei, Krupp, Maschinenfabrik Esslingen, Orenstein & Koppel, Schichau, Schwartzkopff
Achsanordnung: 1'D1' h2
Treibraddurchmesser: 1600 mm
Laufräder: 1000 bzw. 1250 mm
Achsdruck: 19,7 Mp
Länge über Puffer: 23 905 mm
Tender: 2'2' T 30, 2'2' T 32, 2'2' T 34
Dienstgewicht: 101,9 Mp
Leistung: 1900 PSi
Höchstgeschwindigkeit: 90 km/h

Von den ca. 130 Maschinen der BR 41, die in der DDR verblieben waren, erhielten in den 60er Jahren rund 100 neue Rekokessel mit Mischvorwärmern und Witte-Windleitblechen. Der Rest wurde bis auf wenige Ausnahmen mit Nachbaukesseln ausgerüstet, die teilweise mit und ohne Mischvorwärmer ausgestattet waren.

Die Maschinen der Baureihe 41 bewährten sich in den ersten Jahren ganz hervorragend. Das änderte sich erst ab 1943, als nach vermehrt auftretenden Kesselschäden der Kesseldruck auf 16 kp/cm^2 herabgesetzt werden musste, was gleichzeitig zu schlechterer Leistung und bald auch zu weiteren Kesselschäden führte.

Die Ausmusterung der BR 41 begann schon in den 60er Jahren und wurde Anfang der 80er Jahre abgeschlossen.

Indienststellung: 1936-41
Anzahl: 366
Hersteller: Borsig, Henschel, Jung, Krauss-Maffei, Krupp, Maschinenfabrik Esslingen, Orenstein & Koppel, Schichau, Schwartzkopff

Achsanordnung: 1'D1' h2
Treibraddurchmesser: 1600 mm
Laufräder: 1000 bzw. 1250 mm
Achsdruck: 19,7 Mp
Länge über Puffer: 23 905 mm

Tender: 2'2' T 30, 2'2' T 32, 2'2' T 34
Dienstgewicht: 101,9 Mp
Leistung: 1900 PSi
Höchstgeschwindigkeit: 90 km/h

ex DB 41

DB 042

Wegen der vermehrt auftretenden Kesselschäden mussten die Lokomotiven der Baureihe 41 schon frühzeitig rekonstruiert werden. So erhielten 102 Maschinen ab 1957 neue, vollständig geschweißte Ersatzkessel. Ab 1963 wurden die Schornsteine mit Aufsätzen versehen, die die Saugzugwirkung der Kamine verbesserten und der Lokomotive ein charakteristisches Aussehen gaben.

Von 1957 bis 61 erhielten 40 Maschinen der BR 41 darüber hinaus Ölhauptfeuerung, die zu einer weiteren Leistungssteigerung auf 1975 PSi führte.

Bis zum Ende der Dampftraktion bei der DB im Jahre 1977 versahen die ölgefeuerten Lokomotiven, die 1968 als Baureihe 042 zusammengefaßt und im Bw Rheine stationiert waren, intensive Einsätze im Personen- und Eilzugdienst und vor allem im Ölverkehr nach Lingen sowie als Vorspannlokomotiven im schweren Erzverkehr zwischen Emden und Rheine.

Indienststellung nach Umbau: 1957-61
Anzahl: 102, davon 40 mit Ölhauptfeuerung
Hersteller der Neubaukessel: Henschel, Krupp, Maschinenfabrik Esslingen

Achsanordnung: 1'D1' h2
Treibraddurchmesser: 1600 mm
Laufräder: 1000 bzw. 1250 mm
Achsdruck: 19,7 Mp
Länge über Puffer: 23 905 mm

Tender: 2'2' T 30, 2'2' T 32, 2'2' T 34
Dienstgewicht: 101,9 Mp
Leistung: 1940 PSi, mit Ölfeuerung 1975 PSi
Höchstgeschwindigkeit: 90 km/h

Letzte Einsätze: Auf der Nachkriegsstammstrecke zwischen Rheine und Emden im Personen- und Güterzugverkehr

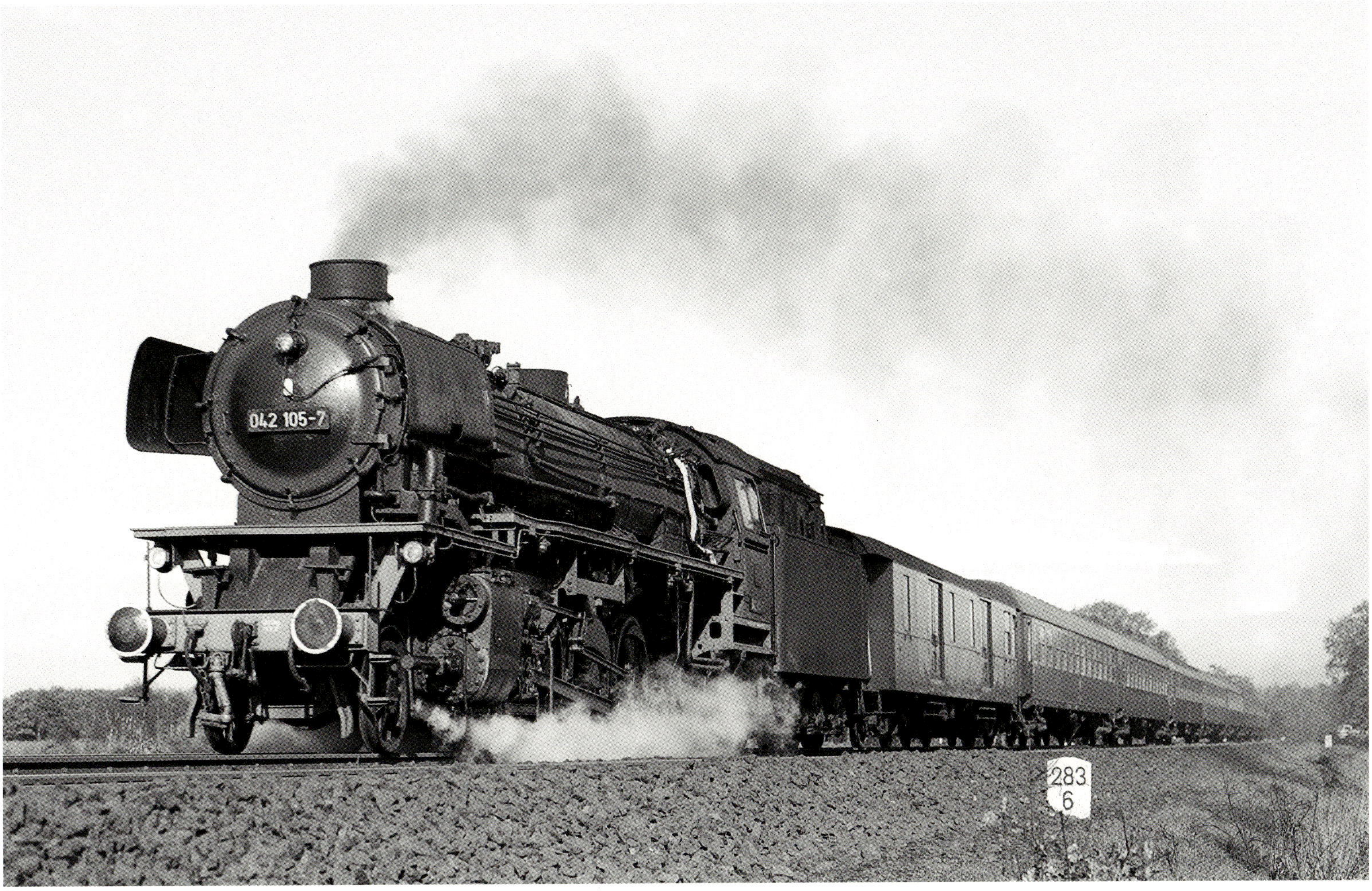
042 105-7
283
6

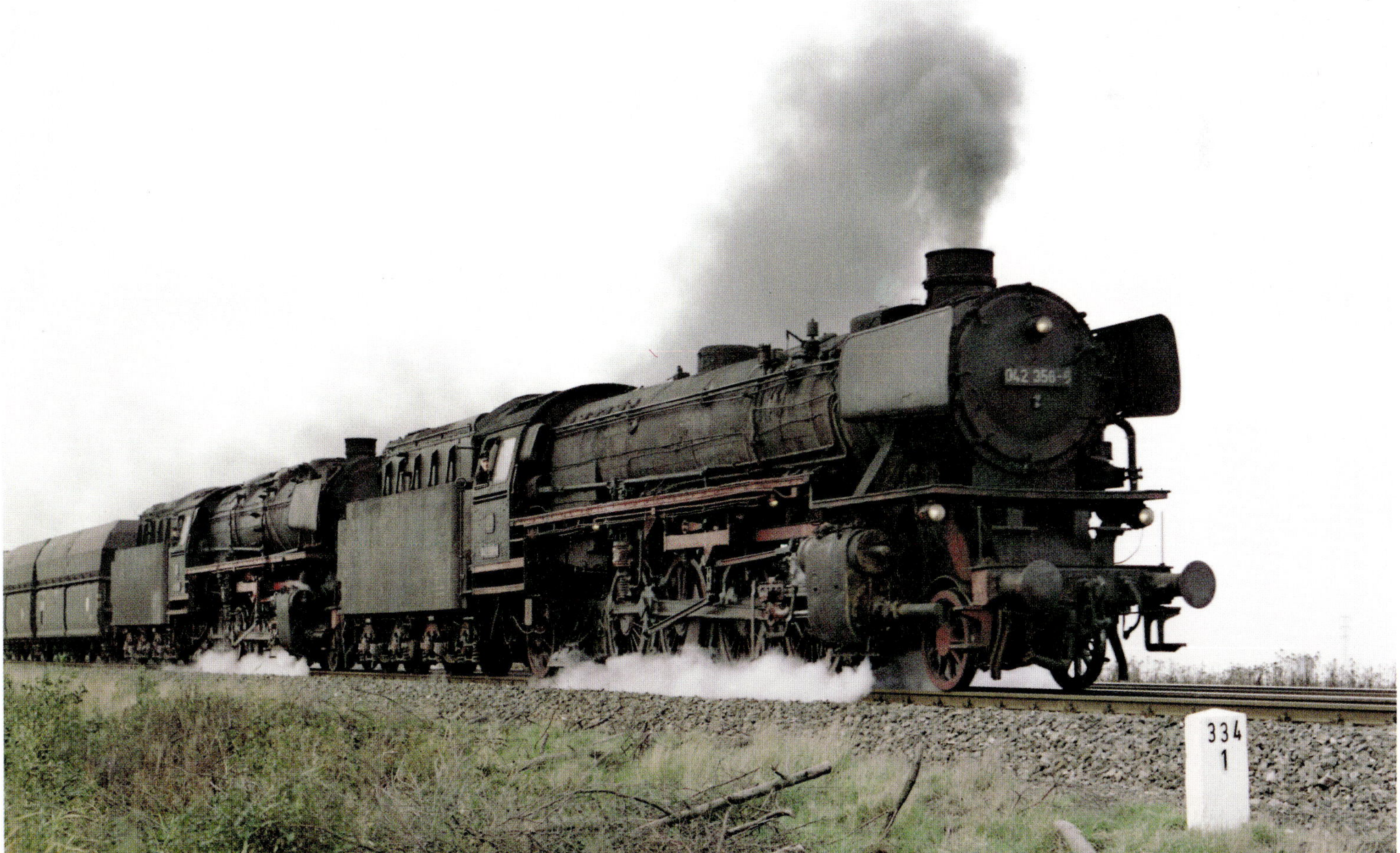
334
1

ex DRG 44

DB 043

Zur weiteren Leistungssteigerung der stärksten Güterzuglokomotiven der DB, die im Volksmund schon frühzeitig den Beinamen *Jumbo* erhalten hatten, erhielten 36 Maschinen ab 1955 eine Öl-hauptfeuerung.

Diese ab 1968 als Baureihe 043 geführten Lokomotiven wurden auf zwei Streckenabschnitten eingesetzt, die die Leistungskraft voll ausnützen konnten.

Das war einmal die Verbindung von Paderborn über Altenbeken nach Kassel, deren Steigungsabschnitte früher die Heizer der BR 44 bis an ihre Leistungsfähigkeit strapaziert hatten. Zum anderen war es die lange Flachlandstrecke von Emden bis ins Ruhrgebiet, später bis Rheine, auf der die berühmten 3000 t-Erzzüge in Doppeltraktion befördert werden mussten.

Bis zum Ende der Dampftraktion 1977 war es ein aufregendes Schauspiel, wenn diese schweren Züge im Gbf in Emden langsam und unter ständigem Schleudern nur mühsam in Gang gesetzt werden konnten.

Indienststellung nach Umbau: 1955-67
Anzahl: 36
Hersteller: Henschel

Achsanordnung: 1'E h3
Treibraddurchmesser: 1400 mm
Laufräder: 850 mm
Achsdruck: 19,3 Mp
Länge über Puffer: 22 620 mm

Tender: 2'2' T30, 2'2' T32, 2'2' T34,
Dienstgewicht: 110,2 Mp
Leistung: 2100 PSi
Höchstgeschwindigkeit: 80 km/h

Letzte Einsätze: Zwischen Kassel und Paderborn sowie zwischen Rheine und Emden

Bilddaten

80 DB 043 364-9 am 12.07.1971 im Bw Kassel
81u DB 043 334-2 am 01.11.1974 im Bw Emden
82o DB 043 100-7 am 16.03.1974 Block Deves
82u DB 043 100-7 am 16.03.1974 Block Deves
83o DB 043 364-9 am 22.10.1976 bei Ascheberg
83ur DB 043 Zugbegegnung 12.10.1974 bei Meppen
84ol DR 043 903-4 am 12.10.1974 bei Neermoor
84or DB 043 737-6 am 12.10.1974 bei Leschede
84ul DB 043 672-5 am 19.04.1974 bei Salzbergen
84ur DB 043 326-8 am 12.10.1974 bei Neermoor

85o DB 043 364-9 und 043 672-5 am 19.04.1974 mit
85u dem berühmten 3000 t Erzzug am Haken bei der
Ausfahrt aus dem Gbf in Emden
86 DB 044 045-3 am 28.07.1971 im Aw Trier
87u DB 044 in Doppeltraktion vor Kohlenzug bei der
Ausfahrt aus dem Gbf Ehrang
88o DB 044 481-9 am 27.12.1976 im Bw G.-Bismarck
88u DB 044 122-0 am 02.02.1974 im Bw G.-Bismarck
89o DB 044 387-9 am 28.07.1971 im Bw Ehrang
89u Meine Zwillinge vor dem Triebwerk einer 044

DRG 44

DB 044

Im Bauprogramm der Einheitslokomotiven waren als Güterzuglokomotiven für den schweren Bergdienst die Baureihen 43, 1'E h2, und 44, 1'E h3, vorgesehen. Nach einer Vorserie von 25 bzw. 10 Maschinen in den Jahren 1926-28 erwies sich die BR 44 als wirtschaftlich überlegen. Erst im Jahre 1937 begann die Serienfertigung, die ab 1943 als 44ÜK, das war eine Übergangskriegslokomotive mit vereinfachter Konstruktion, ausgeführt wurde.

Nach dem Krieg wurden die in Frankreich während der Kriegszeit gebauten Maschinen an die SNCF übergeben, die sie vor allem im Kohlenverkehr aus Lothringen bis zum Ende der Dampftraktion Anfang der 70er Jahre verwendete.

Die DB setzte die BR 44 vor allem im Ruhrgebiet und auf den Mittelgebirgsstrecken im schweren Güterzugverkehr ein. Während der Ölkrise 1973/74 wurden zeitweise auch die Aufgaben der BR 043 übernommen.

Indienststellung: 1926-44
Anzahl: 1979
Hersteller: Henschel, Maschinenfabrik Esslingen, Schwartzkopff, Lokomotivfabriken in den besetzten Ländern vor, allem in Belgien und Frankreich

Treibraddurchmesser: 1400 mm
Laufräder: 850 mm
Achsdruck: 19,3 Mp
Länge über Puffer: 22 620 mm

Tender: 2'2' T30, 2'2' T32, 2'2' T34,
Dienstgewicht: 110,2 Mp
Leistung: 1900 PSi
Höchstgeschwindigkeit: 80 km/h

Letzte Einsätze: Vom Bw Gelsenkirchen-Bismarck aus bei den Übergaben von den Kohlezechen

DRG 44

DB 044

Im Bauprogramm der Einheitslokomotiven waren als Güterzuglokomotiven für den schweren Bergdienst die Baureihen 43, 1'E h2, und 44, 1'E h3, vorgesehen. Nach einer Vorserie von 25 bzw. 10 Maschinen in den Jahren 1926-28 erwies sich die BR 44 als wirtschaftlich überlegen. Erst im Jahre 1937 begann die Serienfertigung, die ab 1943 als 44ÜK, das war eine Übergangskriegslokomotive mit vereinfachter Konstruktion, ausgeführt wurde.

Nach dem Krieg wurden die in Frankreich während der Kriegszeit gebauten Maschinen an die SNCF übergeben, die sie vor allem im Kohlenverkehr aus Lothringen bis zum Ende der Dampftraktion Anfang der 70er Jahre verwendete.

Die DB setzte die BR 44 vor allem im Ruhrgebiet und auf den Mittelgebirgsstrecken im schweren Güterzugverkehr ein. Während der Ölkrise 1973/74 wurden zeitweise auch die Aufgaben der BR 043 übernommen.

Indienststellung: 1926-44
Anzahl: 1979
Hersteller: Henschel, Maschinenfabrik Esslingen, Schwartzkopff, Lokomotivfabriken in den besetzten Ländern vor, allem in Belgien und Frankreich

Treibraddurchmesser: 1400 mm
Laufräder: 850 mm
Achsdruck: 19,3 Mp
Länge über Puffer: 22 620 mm

Tender: 2'2' T30, 2'2' T32, 2'2' T34,
Dienstgewicht: 110,2 Mp
Leistung: 1900 PSi
Höchstgeschwindigkeit: 80 km/h

Letzte Einsätze: Vom Bw Gelsenkirchen-Bismarck aus bei den Übergaben von den Kohlezechen

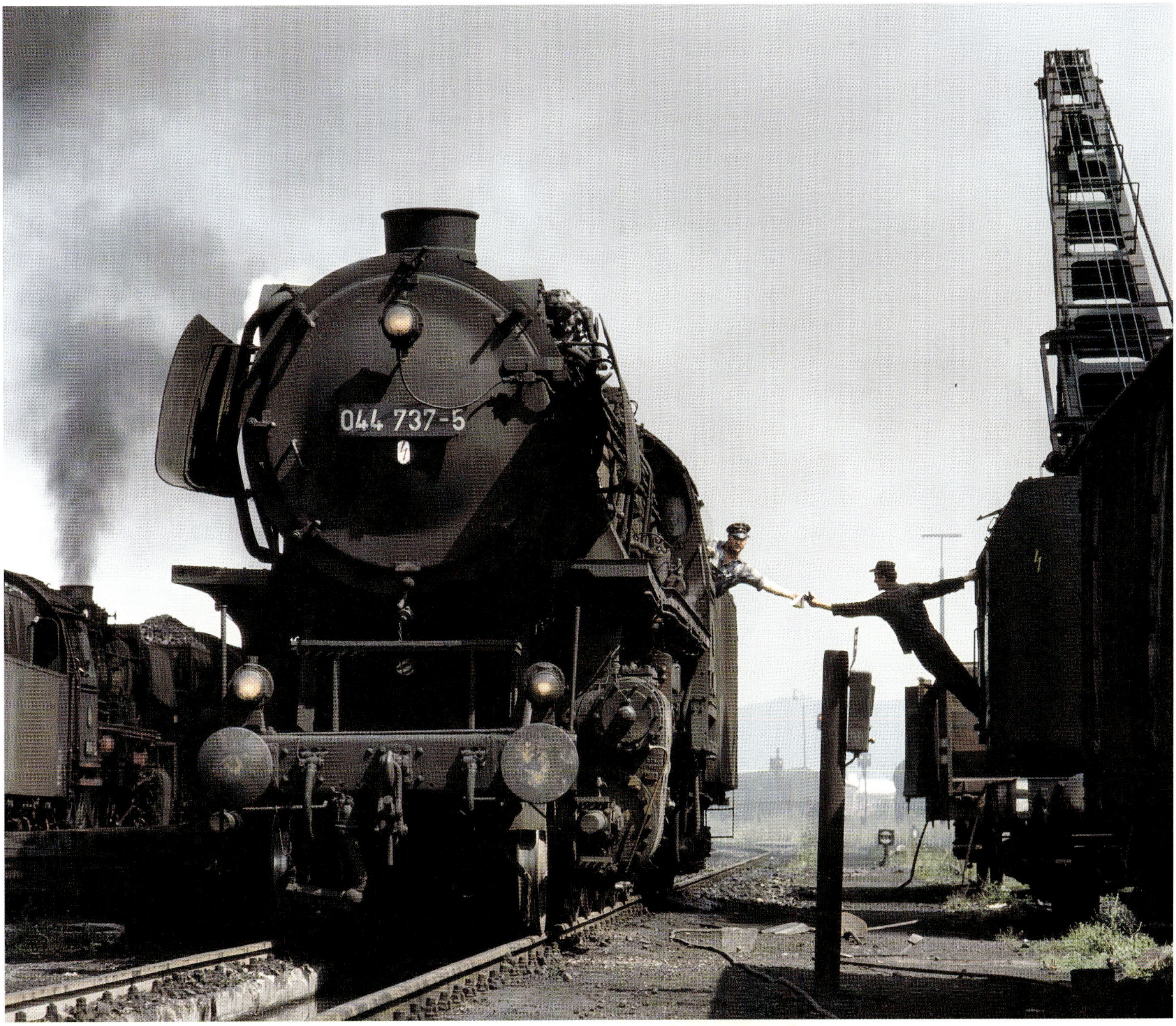

44 0397-8

140

DRG 44 DR 44.0

Auch bei der DR in der DDR benötigte man eine Güterzuglokomotive mit höchster Leistungskraft und ließ deshalb vom RAW Meiningen 94 Maschinen der Baureihe 44 mit Ölhauptfeuerung und teilweise auch mit neuen Kesseln ausrüsten.

Die Lokomotiven unterscheiden sich rein äußerlich vor allem durch die höher angesetzten Witte-Windleitbleche.

Aufgrund ihrer Leistungsdaten konnten die Lokomotiven der Baureihe DR 44.0 voll überzeugen. Sie versahen den größten Teil des Schwerverkehrs in der DDR bis zu ihrem Ersatz durch sowjetrussische Diesellokomotiven und die folgende Ausmusterung in den 80er Jahren.

Für westdeutsche Eisenbahnfreunde konnte diese Baureihe in den 70er Jahren ohne größere Schwierigkeiten nur in Ost-Berlin beobachtet werden. Das Fotografieren blieb dagegen immer problematisch und endete oft mit einem Verhör durch die nächstgelegene Stasi-Dienststelle.

Indienststellung nach Umbau: 1963-67
Anzahl: 94
Hersteller: Umbau im RAW Meinigen

Achsanordnung: 1'E h3
Treibraddurchmesser: 1400 mm
Laufräder: 850 mm
Achsdruck: 19,3 Mp
Länge über Puffer: 22 620 mm

Tender: Öltender 2'2' T34
Dienstgewicht: 109,8 Mp
Leistung: 2100 PSi
Höchstgeschwindigkeit: 80 km/h

Letzte Einsätze: Von den Bw Erfurt-G, Halle-G, Nordhausen, Saalfeld, Sangerhausen, Wittenberge

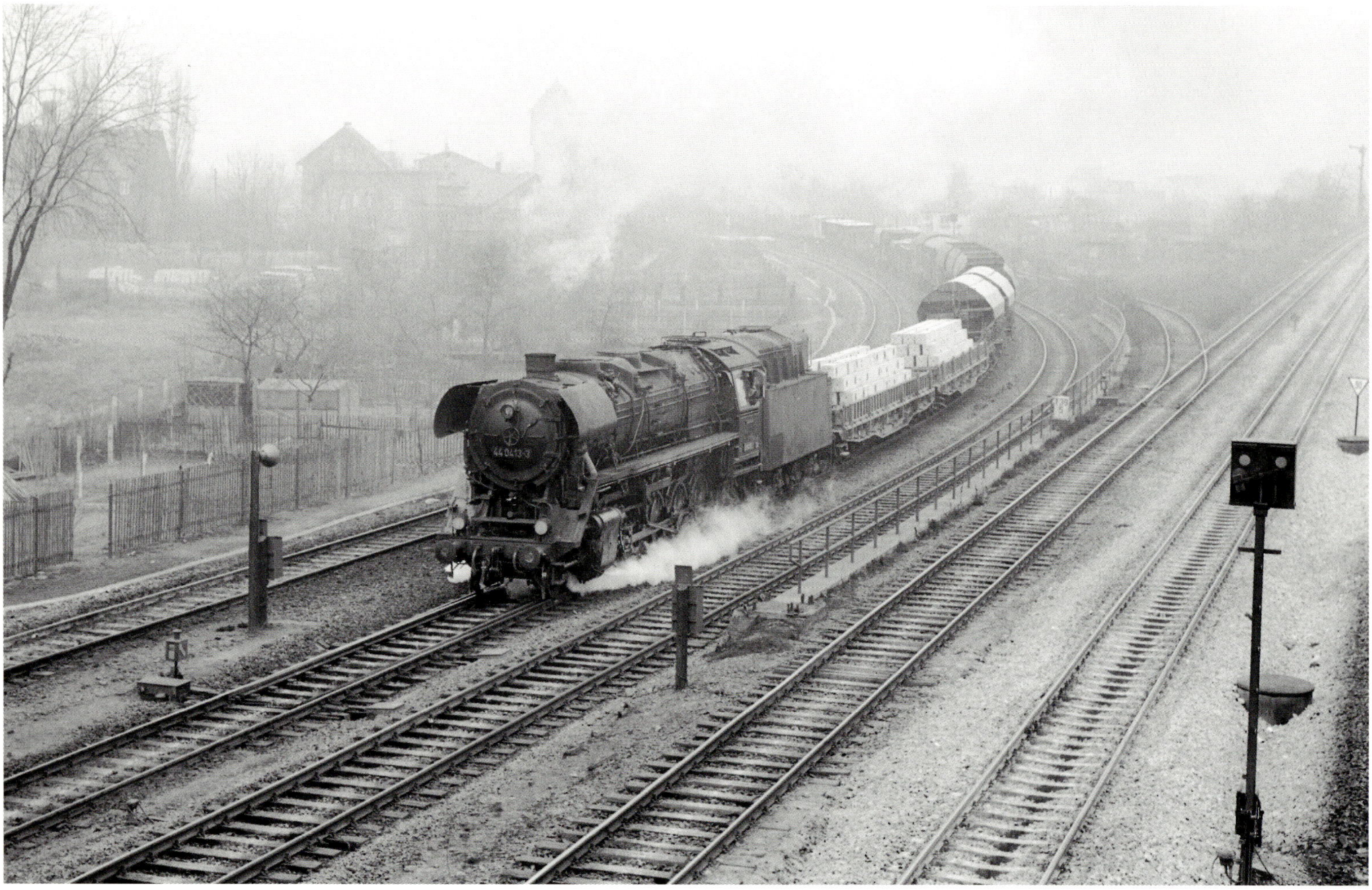

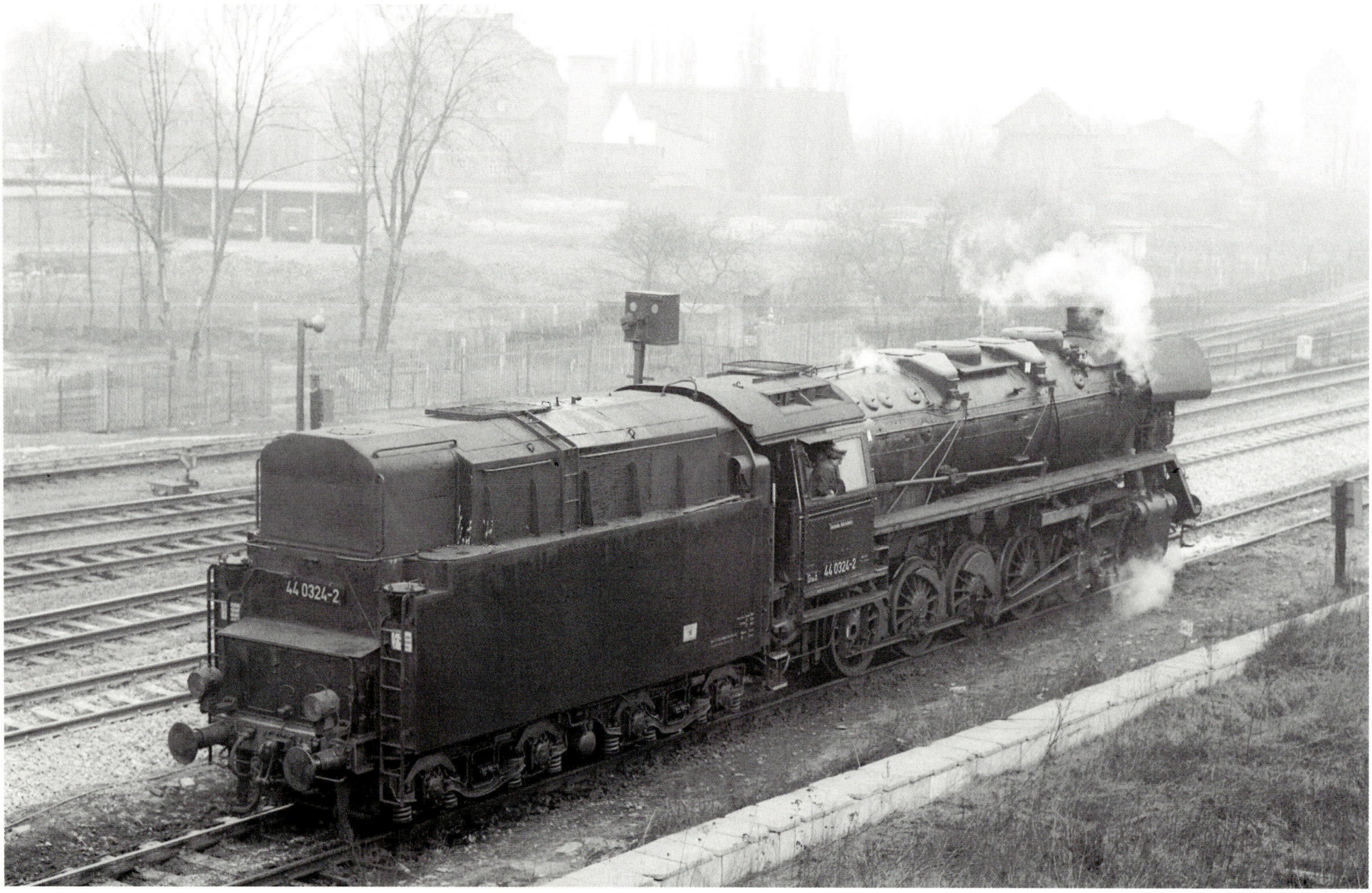
44 0324-2
44 0324-2

Bilddaten

90o DB 044 344-0 am 29.07.1971 im Bw Ehrang
90m Morgenstimmung im Bw Ehrang
90u Lokomotiven der Baureihen 044, 050 und 086 warten
auf ihre Einsätze
91o DB 044 737-5 am 29.07.1971 beim Kohlefassen im
Bw Ehrang
91u Die akrobatische Einlage beim Übergeben des
Kohlezettels fand nicht extra für den Fotografen
statt, sondern war alltägliche Prozedur dieser sport-
lichen Eisenbahner.
92o DR 44 0256-6 am 30.08.1973 in Ost-Berlin
92u DR 44 0397-8 am 30.08.1973 in Ost-Berlin
93u DR 44 0780-8 im Sommer 1972
94o DR 44 0413-3 am 15.03.1976 in Saalfeld
94u DR 44 0324-2 am 15.03.1976 in Saalfeld
95o DR 44 0270-1 am 15.03.1976 In Saalfeld
Eisenbahnfotografie war in der ehemaligen DDR für
Westdeutsche immer ein spannendes Abenteuer.
Besonders, wenn das Objekt der Begierde wie auf
dem obigen Bild ein Güterzug mit sowjetrussischen
Panzern war. Ausnahmsweise wurde ich bei dieser
Aufnahme nicht verhaftet!

96 DB 050 915-8 am 23.03.1972 im Bw Hof
97u DB 050 in Doppeltraktion mit und ohne Kabinen-
tender am 02.02.1973 bei Schwäbisch-Hall
98o DB 050 am 02.02.1973 bei Beuerbach
98ml DB 051 628-6 am 22.03.1973 Bf Münchberg
98ul DB 050 350-3 am 09.12.1971 im Hbf Ulm
99o DB 050 625-3 am 16.03.1972 Gbf Braunschweig
99u DB 050 902-6 am 25.05.1972 Bf Horb
100o DB 053 087-5 am 20.01.1973 *Schiefe Ebene*
100u DB 051 425-7 am 23.03.1972 im Bw Hof
101o DB 053 061-0 am 04.06.1972 Viadukt Plein
101ur DB 052 988-3 am 17.07.1972 in Etzelwang
102, 103
DB 052 607-9 und 052 726-7 mit Kokillenzug zwischen Dillingen und Bouzonville in Frankreich
104 DB 051 628-6 am 22.03.1973 Bf Münchberg
105ol DB 051 528-6 am 22.03.1973 bei Münchberg
105or DB 050 596-6 am 22.03.1973 Bf Hof
105ul DB 052 428-0 am 31.12.1972 im Bw Gremberg mit
Wannentender einer Kriegslok DR52
105ur DB 053 087-3 am 20.01.1973 auf der *Schiefen
Ebene.*

Legende: Seitenzahlen gegebenenfalls mit Zusatz von o = oben, m = mittig, u = unten
l = linkes Bild, m = mittleres Bild, r = rechtes Bild

DRG 50

DB 050 - 053

Vor allem für Nebenstrecken mit einem Oberbau für nur 16 Mp Achsdruck war im Einheitsprogramm der DRG eine 1'E h2-Lokomotive mit einem Achsdruck von nur 15,2 Mp und hoher Leistungsfähigkeit vorgesehen. Wegen der noch in großer Zahl vorhandenen Güterzuglokomotiven der Länderbaureihen bestand vorerst aber kein Bedarf an einer solchen Lokomotive. Erst als im Zuge der Kriegsvorbereitungen auch Transportaufgaben auf Strecken mit schwachem Oberbau zu bewältigen waren, begann die Produktion der BR 50.

Diese Lokomotive war von Anfang an rundum gelungen und wurde zur besten Konstruktion aller Einheitslokomotiven. Bis zum Ende der Dampftraktion versahen diese Maschinen alle anfallenden Aufgaben des Güter- und Personenzugverkehrs auf den nicht elektrifizierten Strecken der DB. Sie waren deshalb auf den Bahnhöfen fast allgegenwärtig und und wurden daher von den Eisenbahnfreunden erst wahrgenommen und geschätzt, als auch ihre Zeit im Jahre 1977 in Westdeutschland zu Ende ging.

Indienststellung: 1939-1943
Anzahl: 3164
Hersteller: Borsig, Cocherill-Seraring, Couillet, DWM Posen, Energie, Franco Belge, Haine St. Pierre, Jung, Kolben-Dánek , Krauss-Maffei, Krupp, La Meuse, Maschinenfabrik Esslingen, MBA, Ostrowiec, Schichau, Schwartzkopff, Skoda, Tubize, Wiener Lokomotivfabrik u.a.

Achsanordnung: 1'E h2
Treibraddurchmesser: 1400 mm
Laufräder: 850 mm
Achsdruck: 15,2 Mp
Länge über Puffer: 22 940 mm

Tender: 2'2' T26, 2'2' T30, 2'2' T26 Kab.
    Durch die Kupplung mit einem Kabinentender konnte die BR 50 auch rückwärtsfahrend eingesetzt werden.
Dienstgewicht: 86,9 Mp
Leistung: 1625 PSi
Höchstgeschwindigkeit: 80 km/h

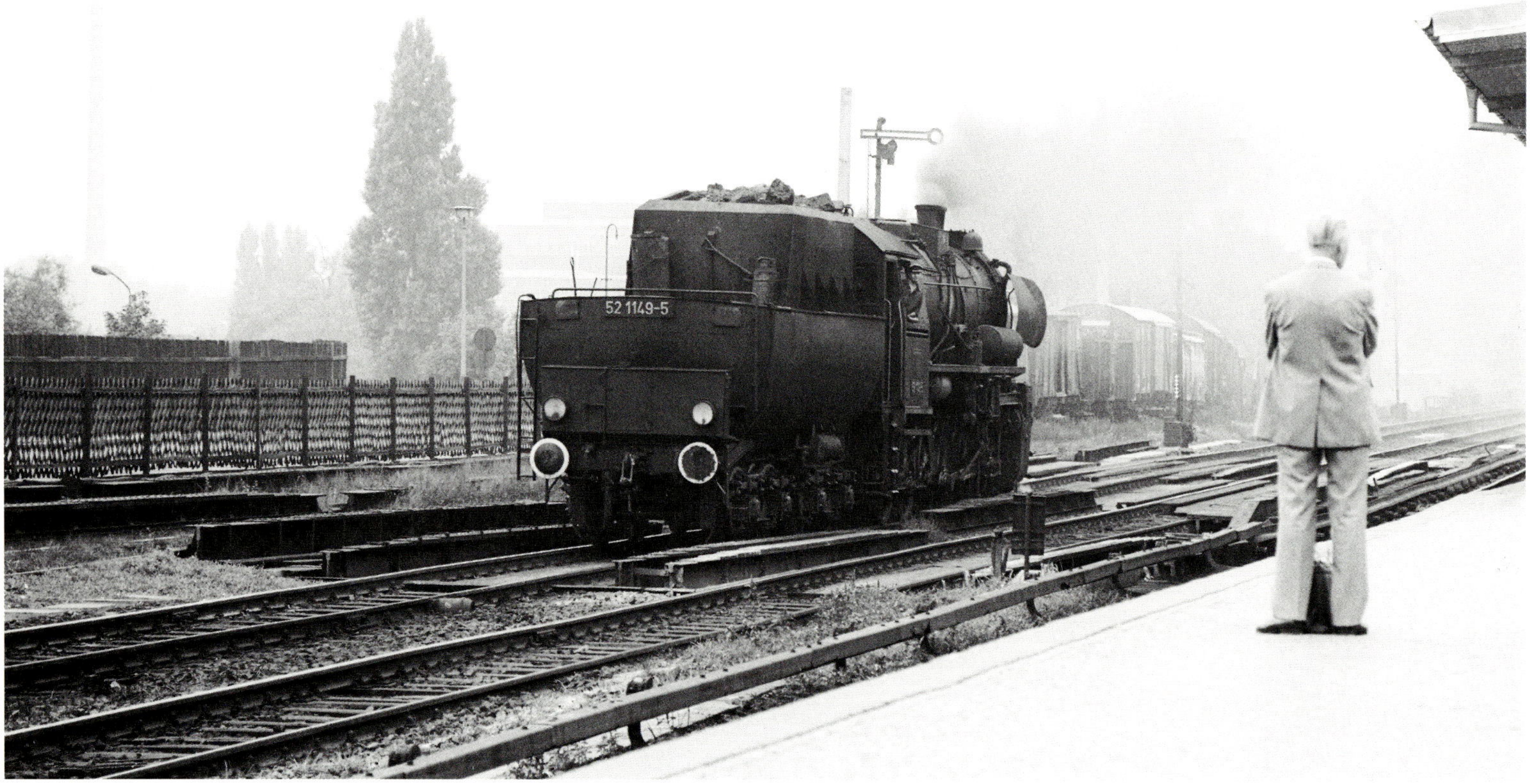
52 1149-5

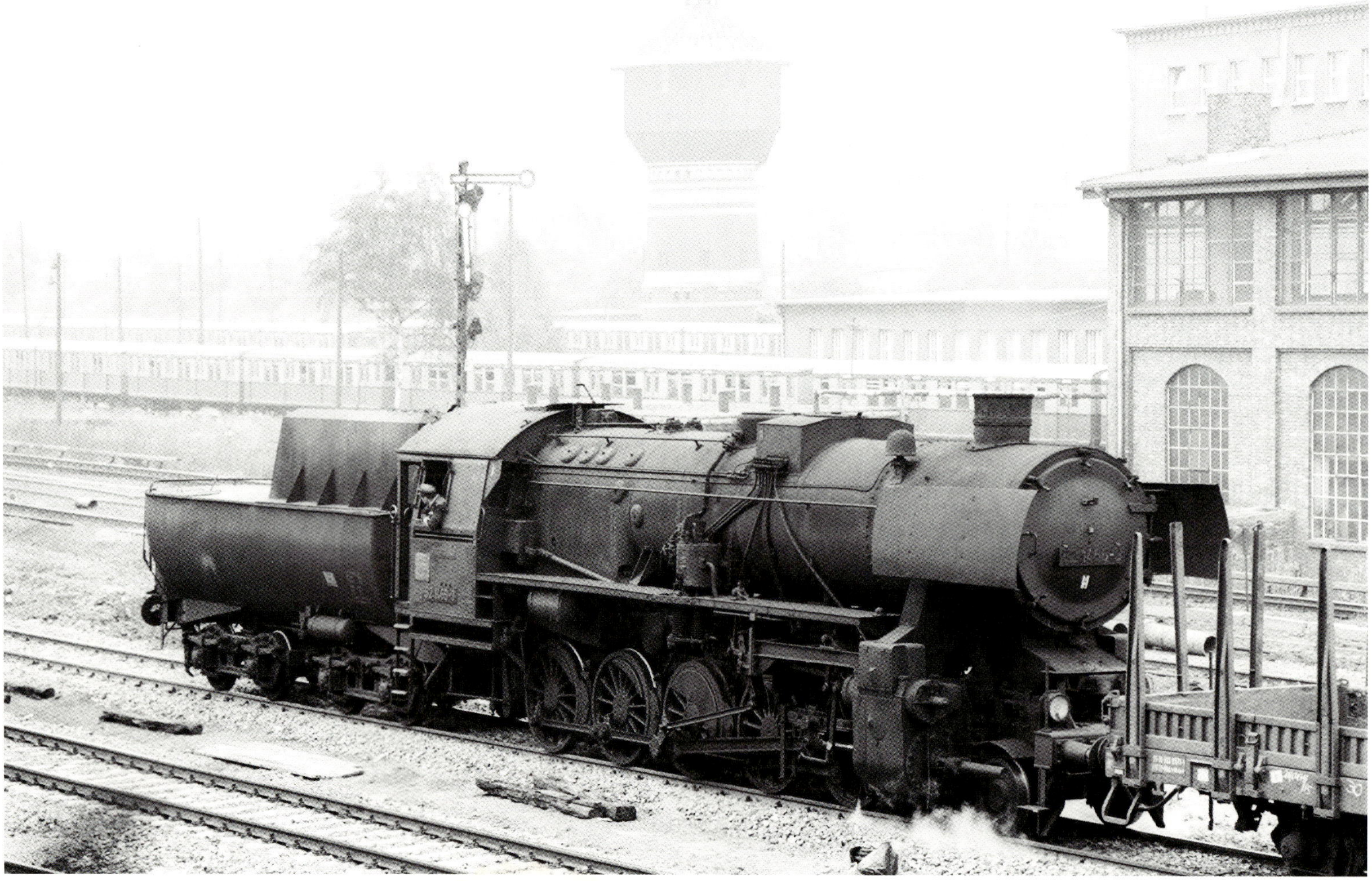

DRG 52

DR 52¹⁰⁻⁷⁰

Durch den einerseits immer höheren Bedarf an Güterzuglokomotiven für den Nachschub in den ausgedehnten Besatzungsgebieten in Osteuropa und die durch Bombenschäden ständig angespanntere Rohstoffversorgung wurde die DRG gezwungen, die Konstruktion der Allzwecklokomotive der BR 50 mit dem Ziel zu überarbeiten, mit einem Minimum an eingesetztem Material und mit möglichst wenig Arbeitsstunden eine trotzdem unverändert leistungsfähige und auch unter Kriegsbedingungen leicht zu wartende Maschine zu erhalten. Kompromisse durften nur in der Haltbarkeit eingegangen werden. Die Lebensdauer war auf nur 6 Jahre ausgelegt. Die Aufgabe wurde hervorragend gelöst.

Während die DB ihre 52er zwischen 1954 und 1963 ausmusterte, konnte die DR auf diese Lokomotiven vorerst nicht verzichten. Viele standen auch 20 Jahre nach Kriegsende noch im Einsatz.

Indienststellung: 1942-45
Anzahl: ca. 6200 (In Österreich und den ehemals besetzten osteuropäischen Ländern wurden auch nach Kriegsschluss noch Lokomotiven der Baureihe 52 gebaut.)
Hersteller: Borsig, Chrzanow, Cockerill, DWM Posen, Franco Belge, Grafenstaden, Haine St. Pierre, Tubize, Henschel, Jung, Krauss-Maffei, Krupp, Maschinenfabrik Esslingen, Mavag Budapest, Oberschlesische Lokomotivwerke, Orenstein & Koppel, Schwartzkopff, Schichau, Skoda, Wiener Lokomotivfabrik
Achsanordnung: 1'E h2
Treibraddurchmesser: 1400 mm, Laufrad: 850 mm
Länge über Puffer: 22 975 mm
Tender: 2'2' T30
Dienstgewicht: 84,0 Mp
Leistung: 1620 PSi
Höchstgeschwindigkeit: 80 km/h

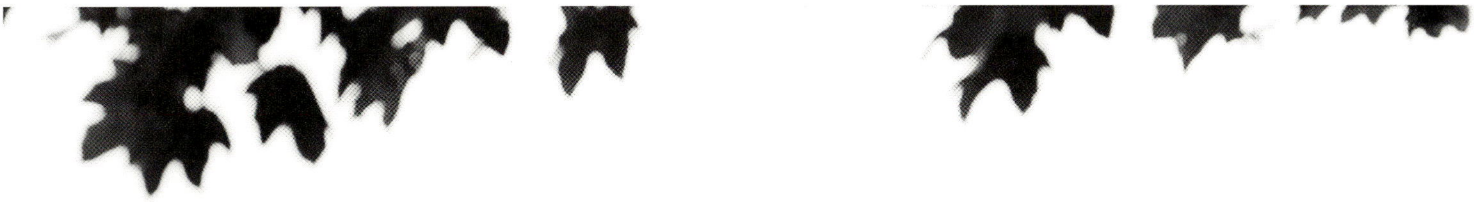

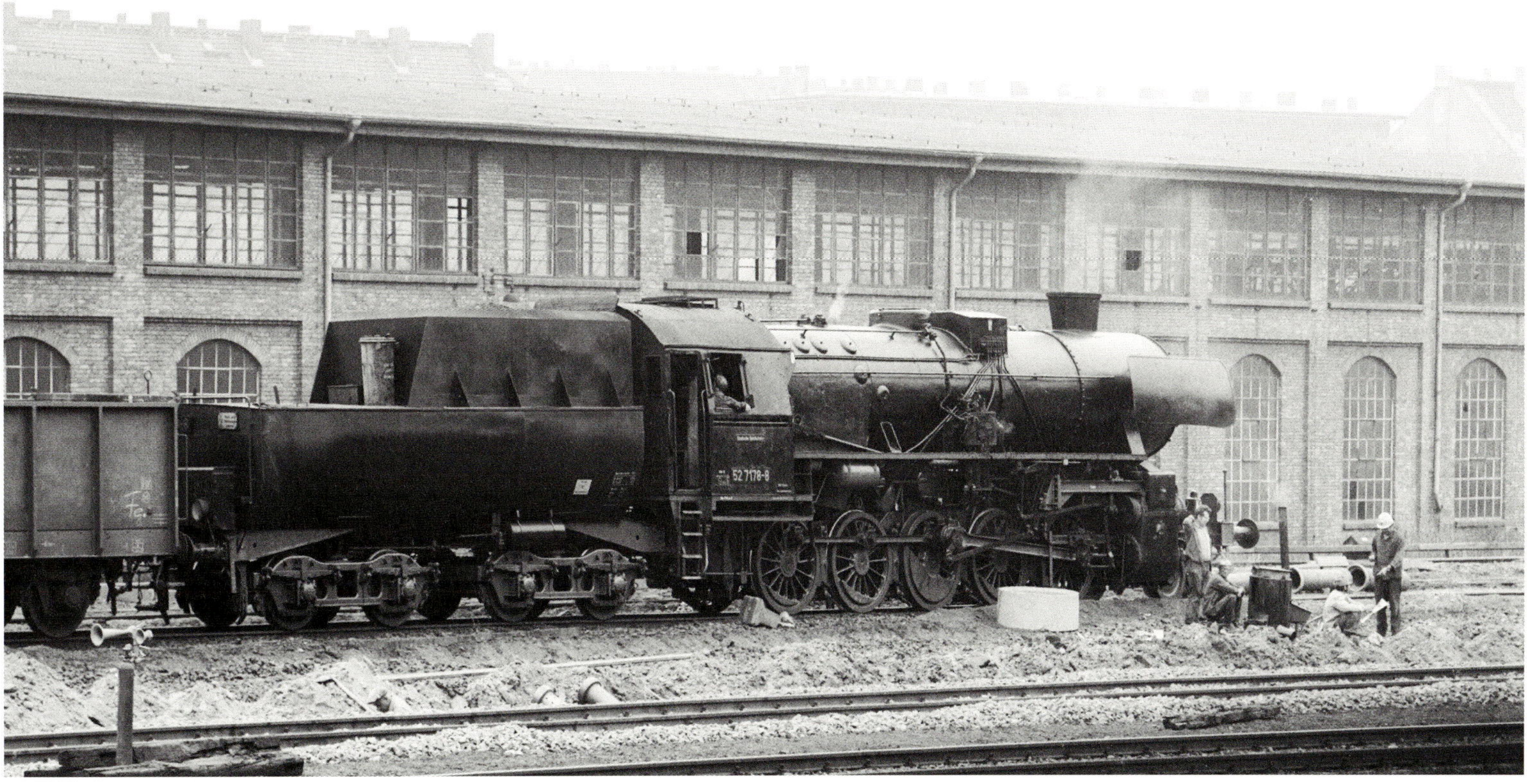

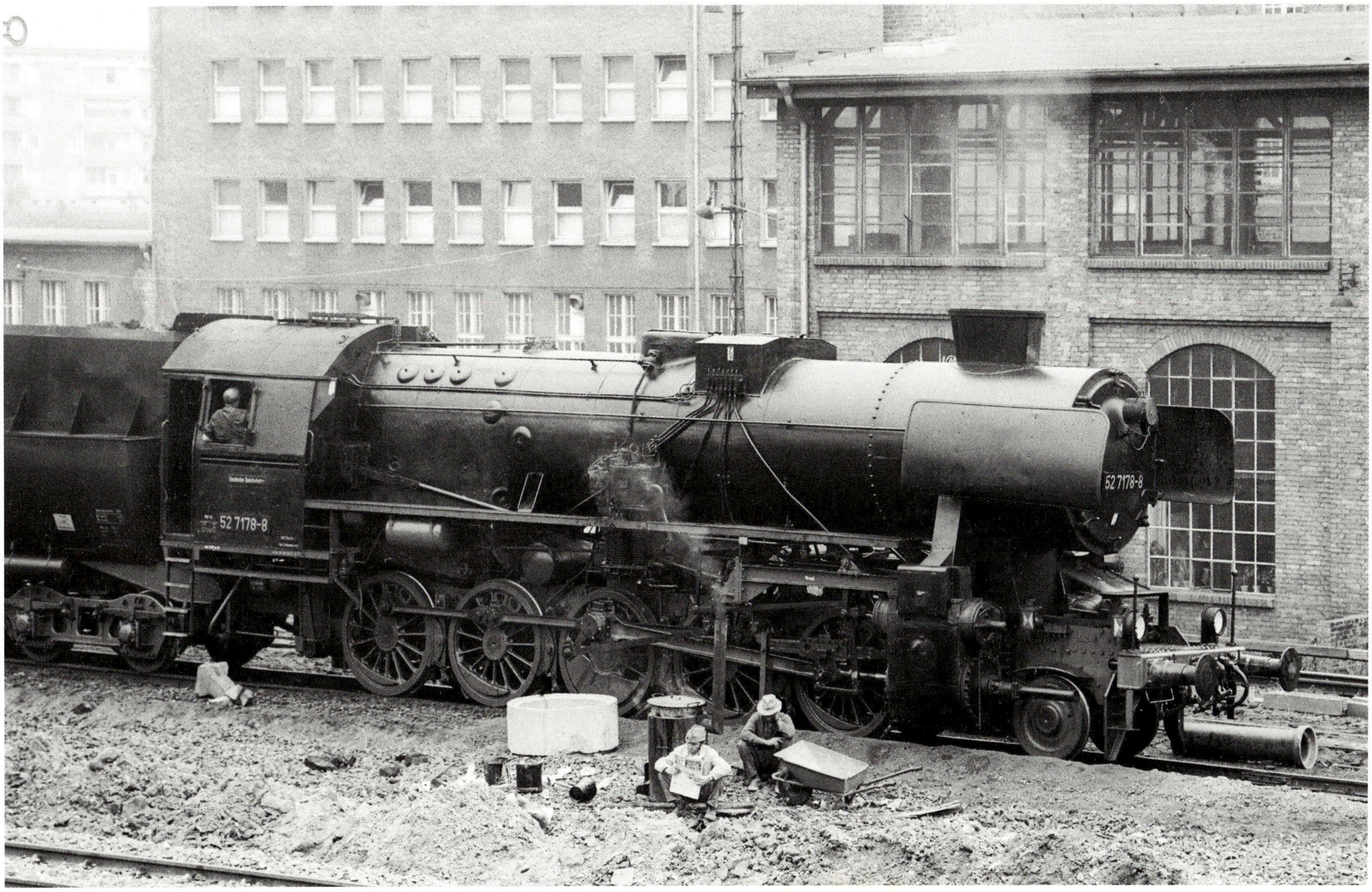

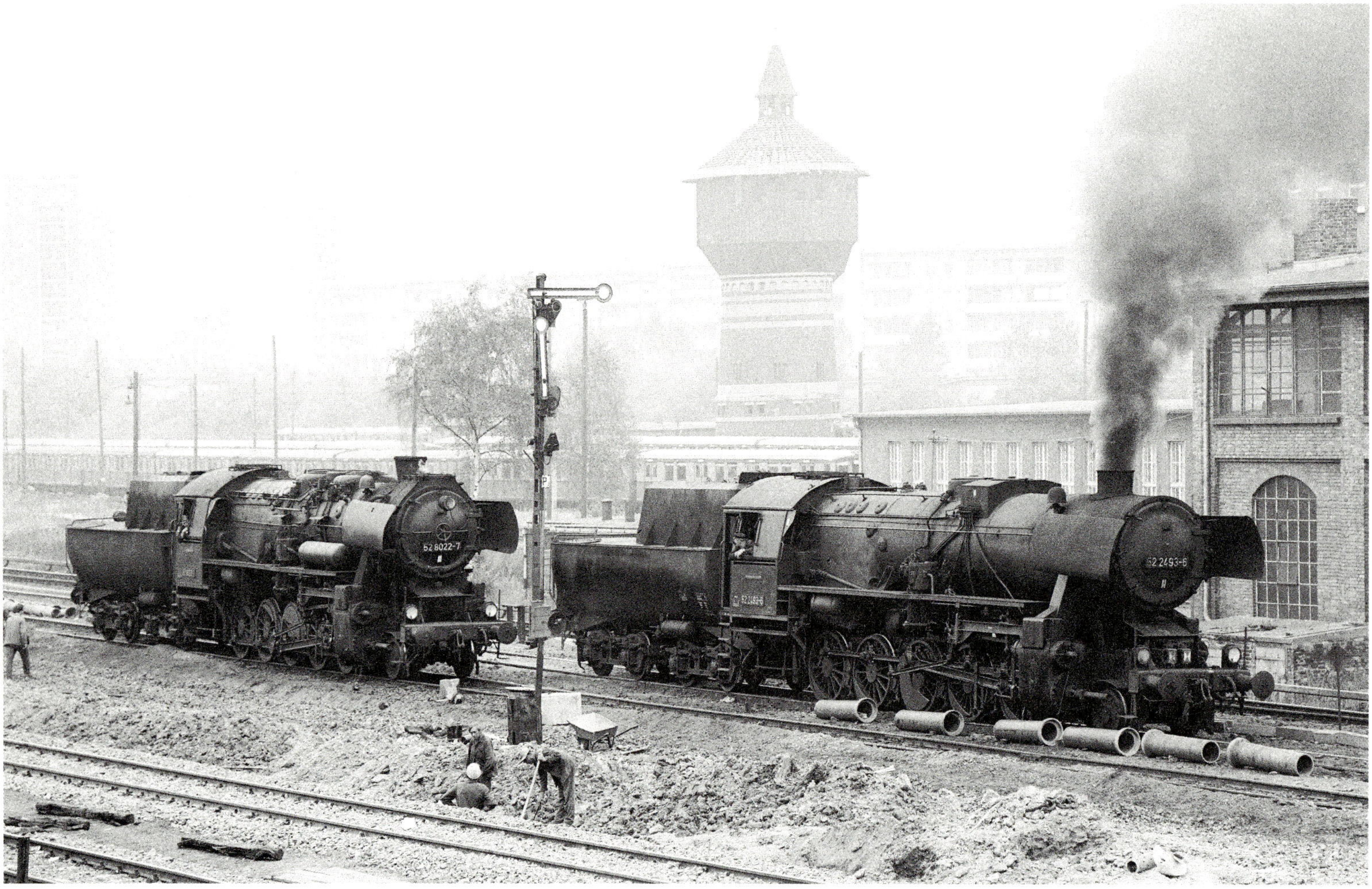
52 8022-7
52 2493-6

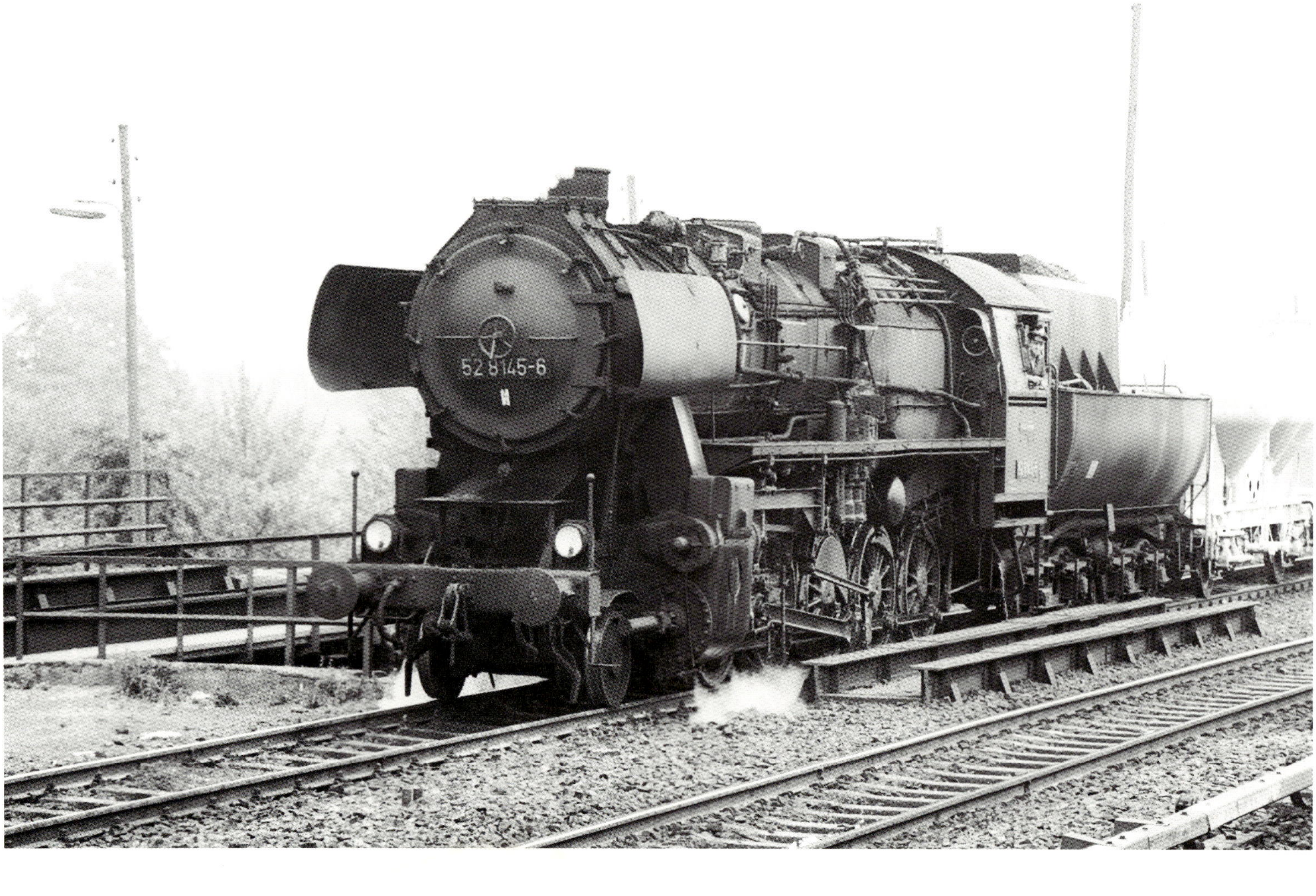
52 8145-6

ex DRG 52

DR 52^{80}

Die DR in der DDR konnte auf die eigentlich nur für einen Einsatzzeitraum von sechs Jahren konzipierte Kriegslokomotive der Baureihe 52 auch Anfang der 60er Jahre noch nicht verzichten. Sie führte deshalb ein Rekonstruktionsprogramm durch, dem zwischen 1960 und 1967 über 200 Lokomotiven unterzogen wurden. Dabei wurden die verschlissenen Kessel durch Hochleistungskessel mit Mischvorwärmern, wie sie für die Baureihe 50^{35} vorgesehen waren, ersetzt.

Die jetzt als DR 52^{80} bezeichneten Lokomotiven waren Anfang der 70er Jahre fast überall in der DDR zu beobachten. Für den westdeutschen Besucher konnten sie am einfachsten in Ost-Berlin fotografiert werden. Besonders außerhalb des Bahnhofs Lichtenberg ließ sich die Strecke von oben einsehen. Allerdings durfte man sich nicht zu lange dort aufhalten, weil angrenzende Bewohner oft die Polizei verständigten.

Indienststellung: nach Umbau 1960-67
Anzahl: 200
Hersteller: RAW Stendal

Achsanordnung: 1'E h2
Treibraddurchmesser: 1400 mm
Lauräder: 850 mm
Achsdruck 15,4 Mp
Länge über Puffer: 22 975 mm

Tender: 2'2' T30
Dienstgewicht: 84,0 Mp
Leistung: 1620 PSi
Höchstgeschwindigkeit: 80 km/h

Die immer einwandfrei gepflegten Maschinen lassen ihre Herkunft von geschundenen Kriegslokomotiven kaum noch erahnen. So haben einst alle Dampflokomotiven ausgesehen!

KPEV G8¹   # DB 055

Als Nachfolger für die in Preußen nach der Jahr-
hundertwende in großer Stückzahl gebaute Güterzuglokomotive G8 wurde ab 1913 die stärkere
G8¹ eingeführt. Bis 1921 entwickelte sich dieser Typ
zur erfolgreichsten Länderbaureihe.

Die DRG übernahm 3122 Maschinen dieser Baureihe in ihren Bestand. Von denen gingen nach
dem Krieg noch über 1000 Exemplare an die DB
und DR. Sie waren allerdings in einem durch den
Kriegseinsatz bedingten sehr schlechten Zustand,
sodass die beiden Nachfolgeverwaltungen der
DRG diese Baureihe bis 1973 ausmusterte.

Anfang der 70er Jahre war das baldige Ende
dieser typisch preußischen Güterzuglokomotiven
absehbar, sodass sich die Eisenbahnfreunde sehr
zahlreich bei nur wenigen Abschiedsfahrten ein-
fanden. Noch einmal wurden ehemalige Stammstrecken im Rheinland und Westerwald befahren
und herrliche Aufnahmen geschossen.

Indienststellung: 1913-21
Anzahl: >5000, davon 4950 für die KPEV
Hersteller: Borsig, Grafenstaden, Hanomag,
Henschel, Hohenzollern, Humboldt, Jung, Linke-
Hofmann,Orenstein & Koppel, Schichau,
Schwartzkopff, Vulcan, Wolf

Achsanordnung: D h2
Treibraddurchmesser: 1350 mm
Achsdruck: 17,6 Mp
Länge über Puffer: 18 290 mm

Tender: pr 3 T16,5, pr 3 T20, pr 2'2' T21,5
Dienstgewicht: 69,9 Mp
Leistung: 1260 PSi
Höchstgeschwindigkeit: 55 km/h

Letzte Einsätze: Von den Bw Hohenbudberg und
Gremberg aus

Bilddaten

106   DB 051 779-7 und 052 884-4 am 02.02.1974 im Bw
      Oberhausen-Osterfeld Süd
107   DB 050 806-9 am 22.12.1973 in Merkstein
108o   DR 52 1149-5 am 30.07.1973 in Ost-Berlin
108u   DR 52 1456-3 am 30.07.1973 in Bln.-Lichtenberg
109u   DR 52 2493-6 am 30.07.1973 in Bln.-Lichtenberg
110   DR 52 6740-6 am 30.07.1973 in Bln.-Ostkreuz
111o   DR 52 7178-8 am 30.07.1973 in Bln.-Lichtenberg
111u   DR 52 7178-8 am 30.07.1973 in Bln.-Lichtenberg
112o   DR 52 8022-7 am 30.07.1973 in Bln.-Lichtenberg
112u   DR 52 8145-6 am 30.07.1973 in Ost-Berlin
113u   DR 52 8050-8 am 30.07.1973 in Bln.-Lichtenberg
114   DB 055 193-7 am 26.07.1971 im Bw Gremberg
      An diesem Tage wurde diese Lok z-gestellt
115u   DB 55 4455 am 12.09.1971 im Bf Bindweide
      anlässlich einer *Eisenbahn Kurier* Abschiedsfahrt
116   DB 055 538-3 am 27.09.1972 im Bf Troisdorf
117ol   DB 055 538-3 am 27.09.1972 bei einer Übergabe in
117or   Lohmar
117u   DB 055 848-6 am 26.07.1971 im Bw Gremberg
118   DB 55 4455 am 12.09.1971 bei der Abschiedsfahrt
      im Westerwald
119o   DB 055 538-3 am 27.09.1972 im Bf Troisdorf, dem
      letzten Einsatzbahnhof dieser Baureihe
119ur   DB 55 4455 beim Kohlefassen im Bw Betzdorf

LBE
DRG 56 3007

Ab 1919 entwickelte die KPEV aus der 1'D h3 eine vereinfachte Zweizylinderausführung, die sich von Anfang an gut bewährte und in einer Stückzahl von 846 gebaut wurde. Auch die Lübeck-Büchener-Eisenbahn erwarb 8 Lokomotiven der nur unwesentlich veränderten Bauart, die 1937 von der DRG übernommen und als Bauart 56^{30} bis eingereiht wurden.

Diese letzteren Maschinen überstanden den Krieg und wurden 1950-51 von der DB ausgemustert bzw. an Privatbahnen verkauft. Die 56 3007 gelangte schließlich über Umwege zum Eschweiler-Bergwerksverein, der sie in der Zeche Carl-Alexander in Baesweiler einsetzte.

Als Lübecker, dessen Großvater als Obersekretär bei der LBE gearbeitet hatte, war es ein besonderes Erlebnis, eine seiner Maschinen noch in den 70er Jahren im Einsatz erleben zu dürfen.

DB 56
EBV Carl-Alexander Nr.4

Indienststellung: 1924
Anzahl: 1
Hersteller: Henschel

Achsanordnung: 1'D h2
Treibraddurchmesser: 1400 mm
Laufrad: 1000 mm
Länge über Puffer: 16 995 mm

Tender: pr 3 T20
Dienstgewicht: 83,5 Mp
Leistung: 1390 PSi
Höchstgeschwindigkeit: 65 km/h

Letzte Einsätze: Als Carl-Alexander Nr. 4 der EBV Zeche Carl-Alexander in Baesweiler zwischen der Zeche und dem Übergabebahnhof in Merkstein

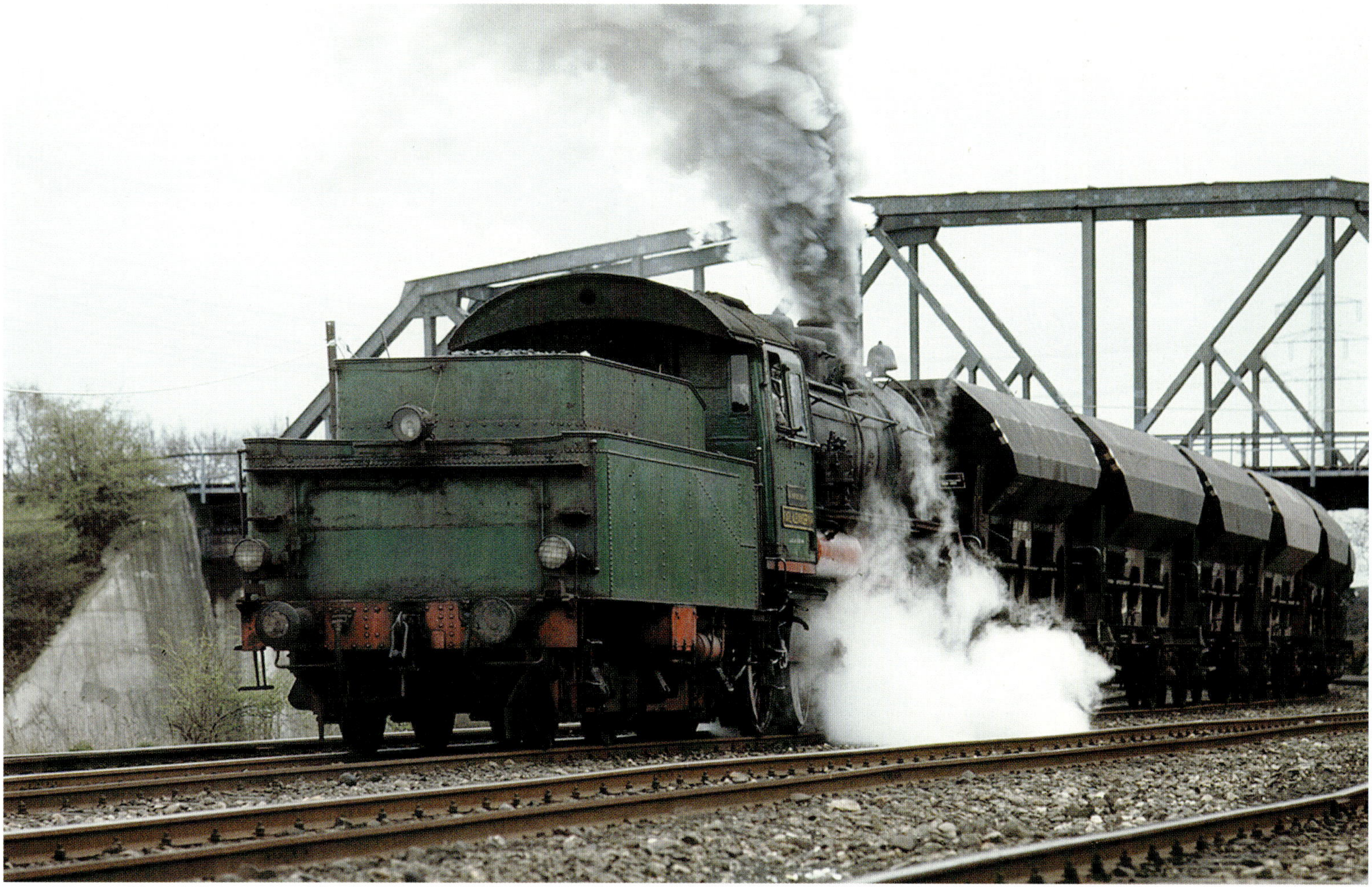

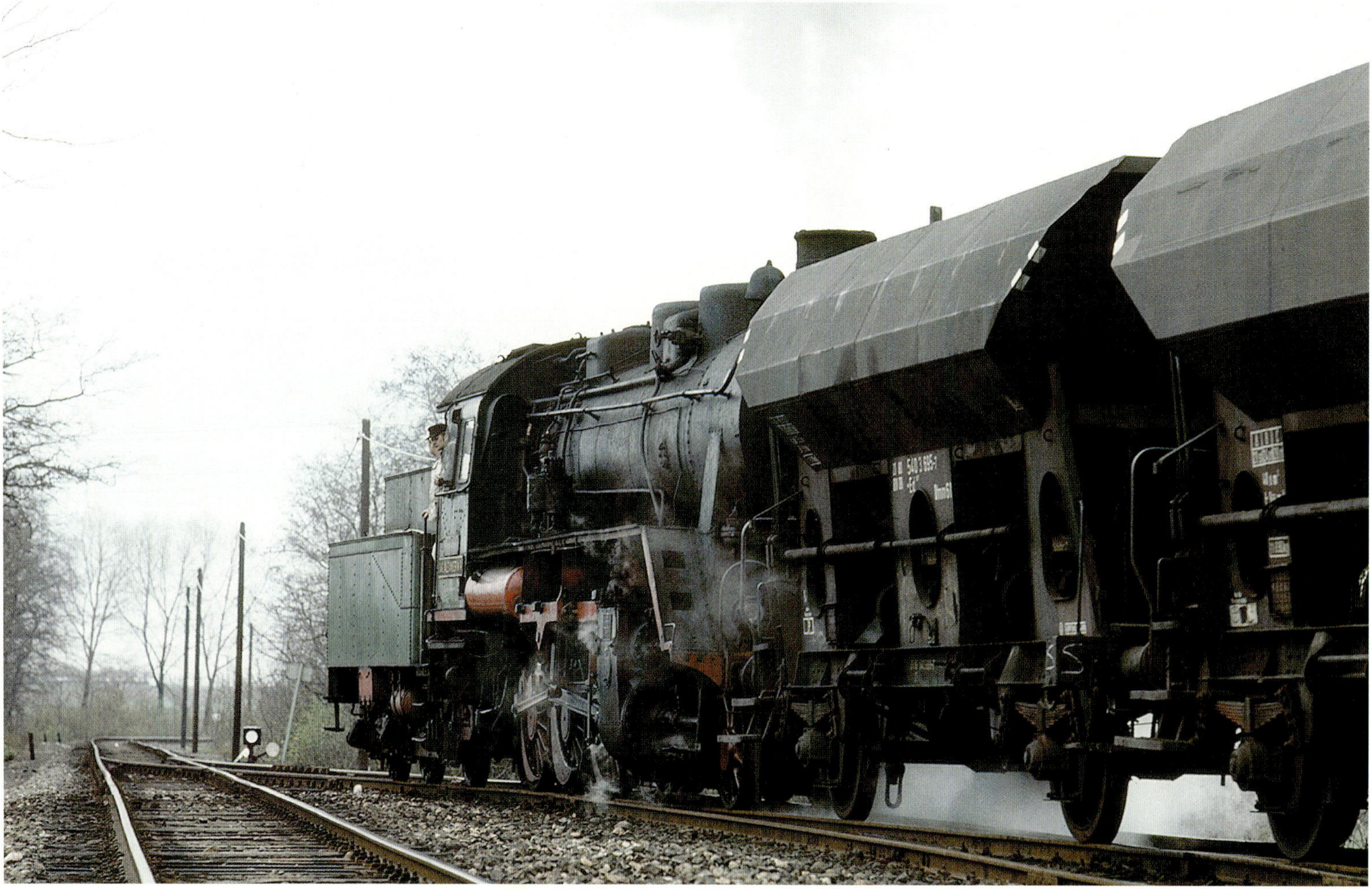

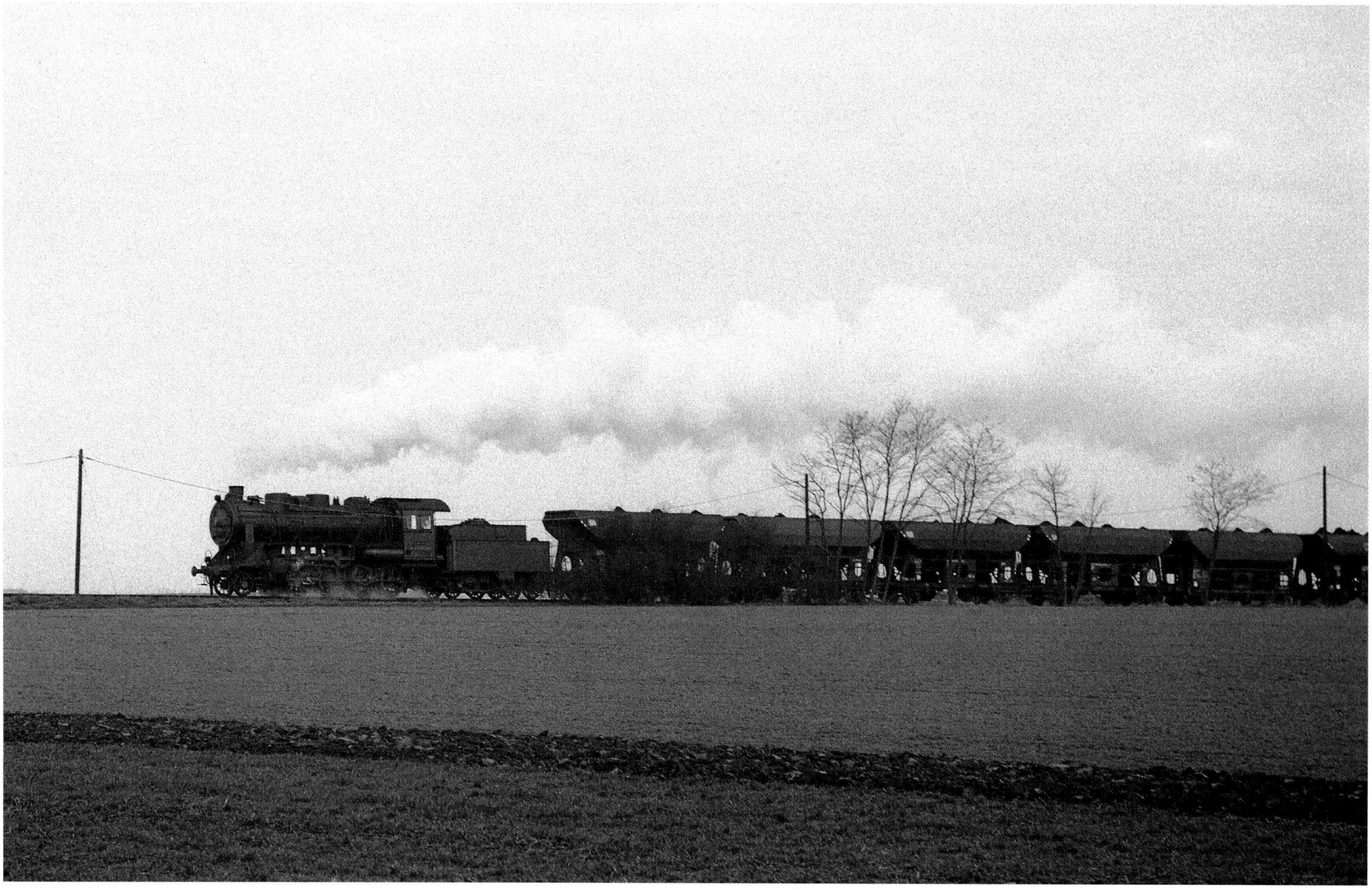

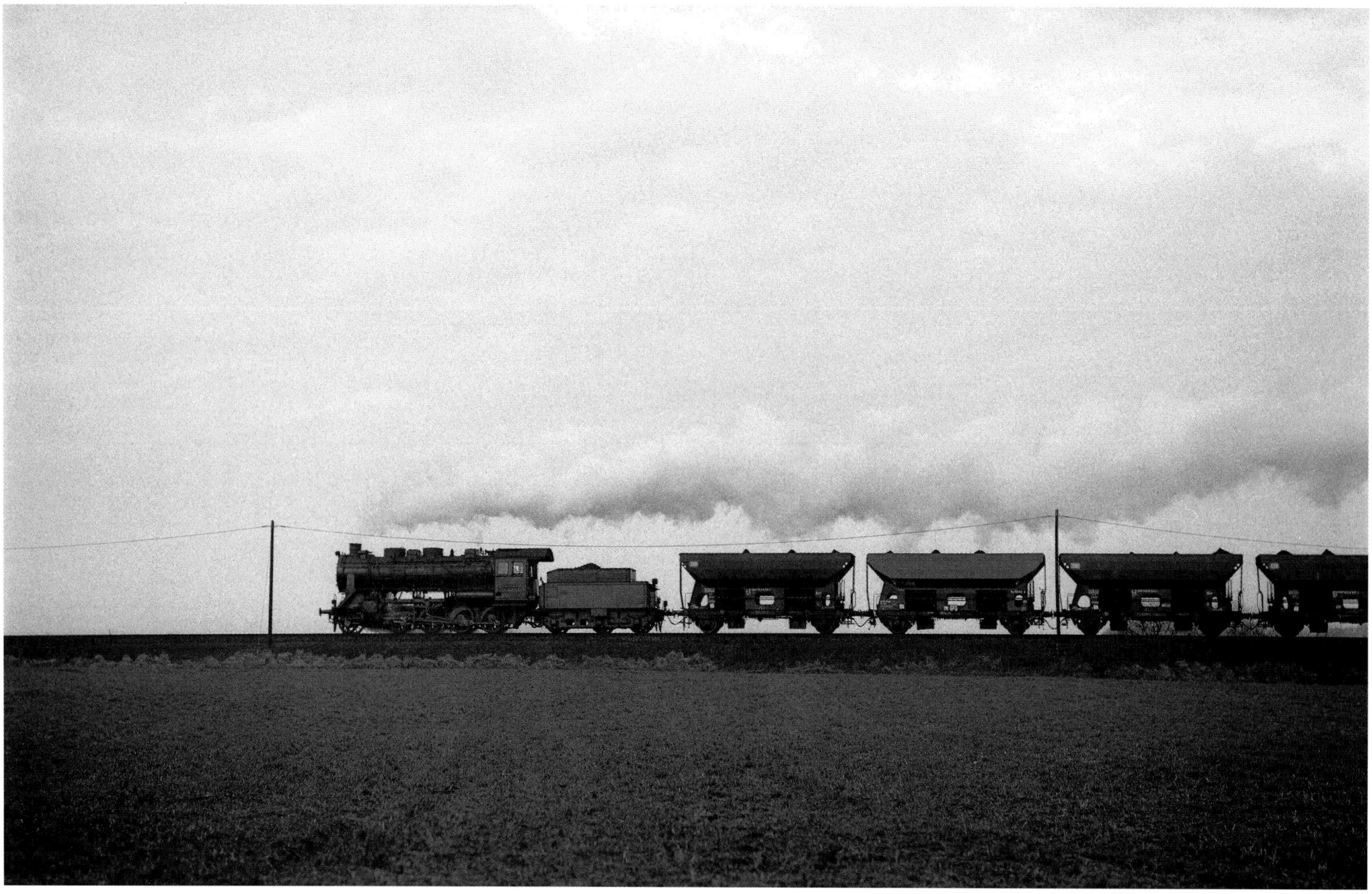

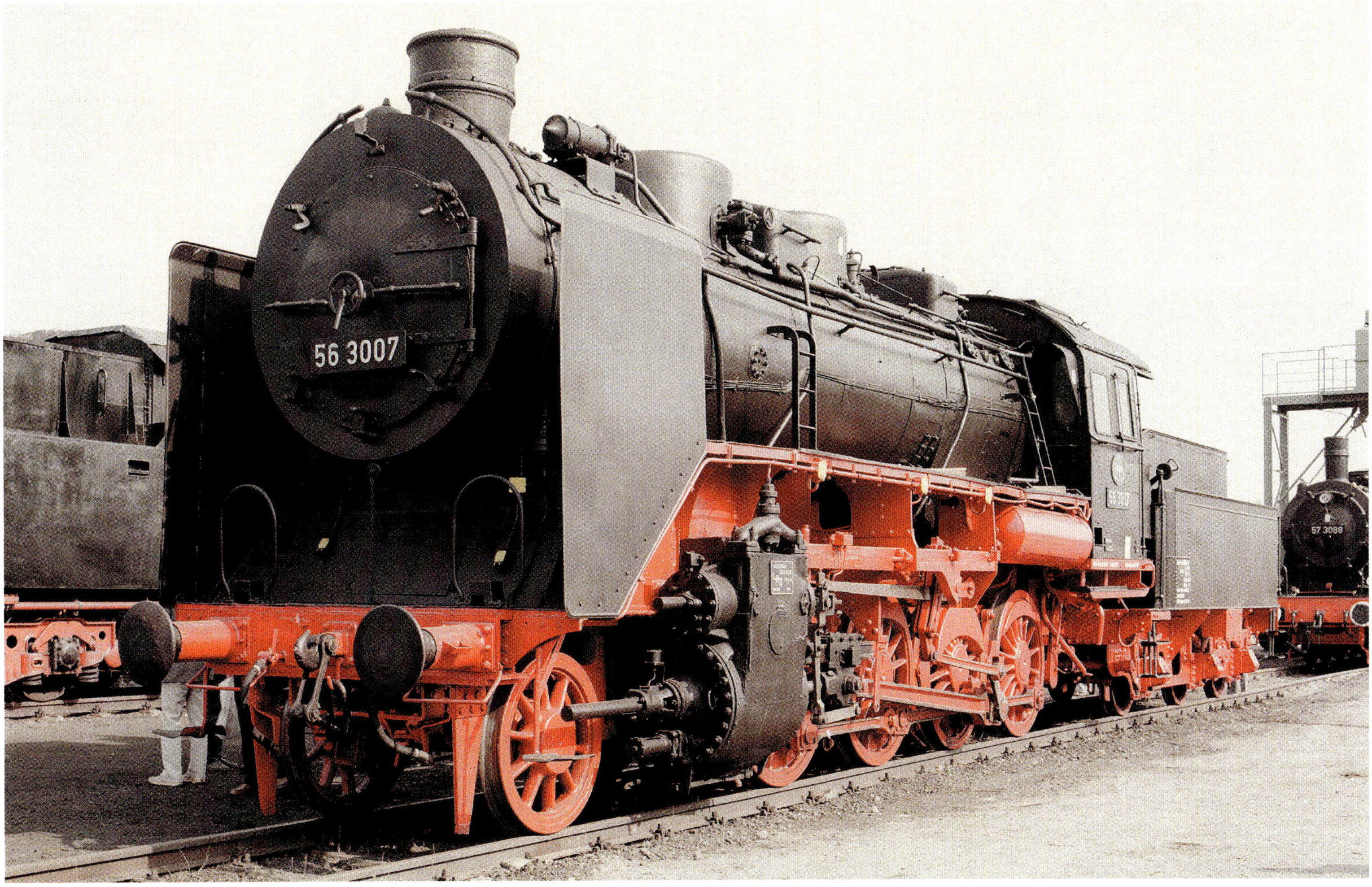

Bilddaten

120 Carl-Alexander Nr. 4 am 29.12.1971 bei Baesweiler
121u Carl-Alexander Nr. 4 am 29.12.1971 in der EBV-Grube Carl-Alexander in Baesweiler
122o Carl-Alexander Nr. 4 am 01.02.1974 bei Baesweiler
122u Carl-Alexander Nr. 4 am 01.02.1974 bei Baesweiler
123o DB 56 3007 am 25.09.1977 in Troisdorf
123u DB 56 3007 am 25.09.1977 in Troisdorf
124o Carl-Alexander Nr. 4 am 07.04.1972 im Übergabebahnhof Merkstein
124u Carl-Alexander Nr. 4 am 07.04.1972 bei der Ausfahrt aus dem Übergabebahnhof Merkstein auf der Stichbahn in die EBV-Zeche Carl-Alexander in Baesweiler
125o Carl-Alexander Nr. 4 auf der Fahrt zur EBV-Zeche Baesweiler. In dieser Richtung fuhr die Lok immer mit dem Tender voran.
125ur Carl-Alexander Nr. 4 am 29.12.1971. Die immer freundliche Lokbesatzung hatte uns auf der Straße mit der schweren Stereo-Kamera-Ausrüstung erspäht und spontan auf der einzigen Brücke dieser Stichbahn gehalten.
126o Carl-Alexander Nr. 4 am 01.02.1974 bei Baesweiler
126u Carl-Alexander Nr. 4 am 01.02.1974 bei Baesweiler
127o DB 56 3007 mit großen Windleitblechen am 03.10.1985 im Bw Bochum-Dahlhausen
127u Carl-Alexander Nr. 4 am 29.12.1971 bei Baesweiler

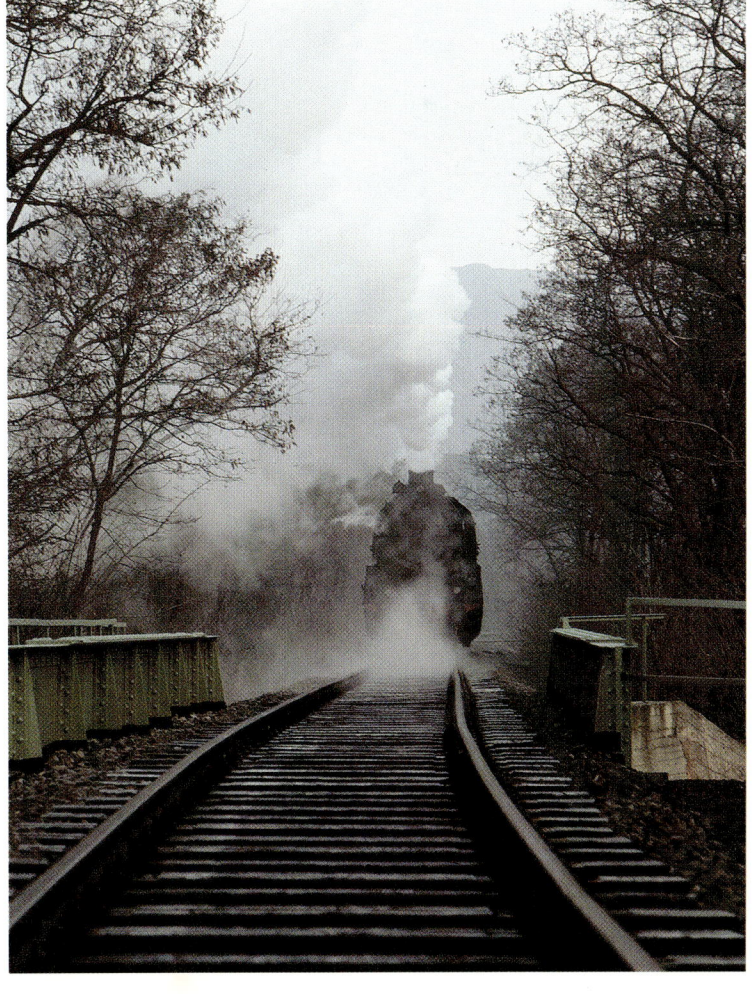

KPEV G10   DB 57

Nach den positiven Erfahrungen mit der preußischen T 16 (spätere DB 94) ließ die KPEV eine E-gekuppelte Schlepptender-Lokomotive bei Henschel entwickeln, wobei der Kessel von der P8 übernommen werden konnte. Sie war für schwere Güterzüge im Mittelgebirgsraum gedacht, wofür die T16 mit ihren geringen Betriebsvorräten nicht geeignet war.

Die DRG übernahm praktisch alle Lokomotiven, dazu kamen durch die Zeitumstände bedingt noch weitere Maschinen aus dem Saargebiet und später aus Ost- und Südosteuropa. Eine bei Resita (Rumänien) in Lizenz gebaute Maschine zeigt das Bild auf Seite 233.

Bis 1970 waren bei der DB alle Maschinen dieser Baureihe ausgemustert, die DR stellte ihre Lokomotiven Anfang der 70er Jahre ebenfalls ab. Erst das DB-Jubiläum 1985 brachte im Bw Bochum-Dahlhausen ein Wiedersehen.

Indienststellung: 1910-25
Anzahl: ca. 3000, davon KPEV 2580
Hersteller: Borsig, Grafenstaden, Hanomag, Henschel, Hohenzollern, Krupp, Rheinmetall, Orenstein & Koppel, Schwartzkopff

Achsanordnung: E h2
Treibraddurchmesser: 1400 mm
Achsdruck: 15,3 Mp
Länge über Puffer: 18 912 mm
Tender: pr 3 T16,5, pr 3 T20, pr 2'2' T21,5, pr 2'2' T31,5, bay 3 T20,2
Dienstgewicht:: 76,6 Mp
Leistung 1100 PSi
Höchstgeschwindigkeit: 60 km/h

Letzte Einsätze: Vom Bw Haltingen aus im südlichen Schwarzwald, im Bw Bestwig zum Rangieren bis 1970

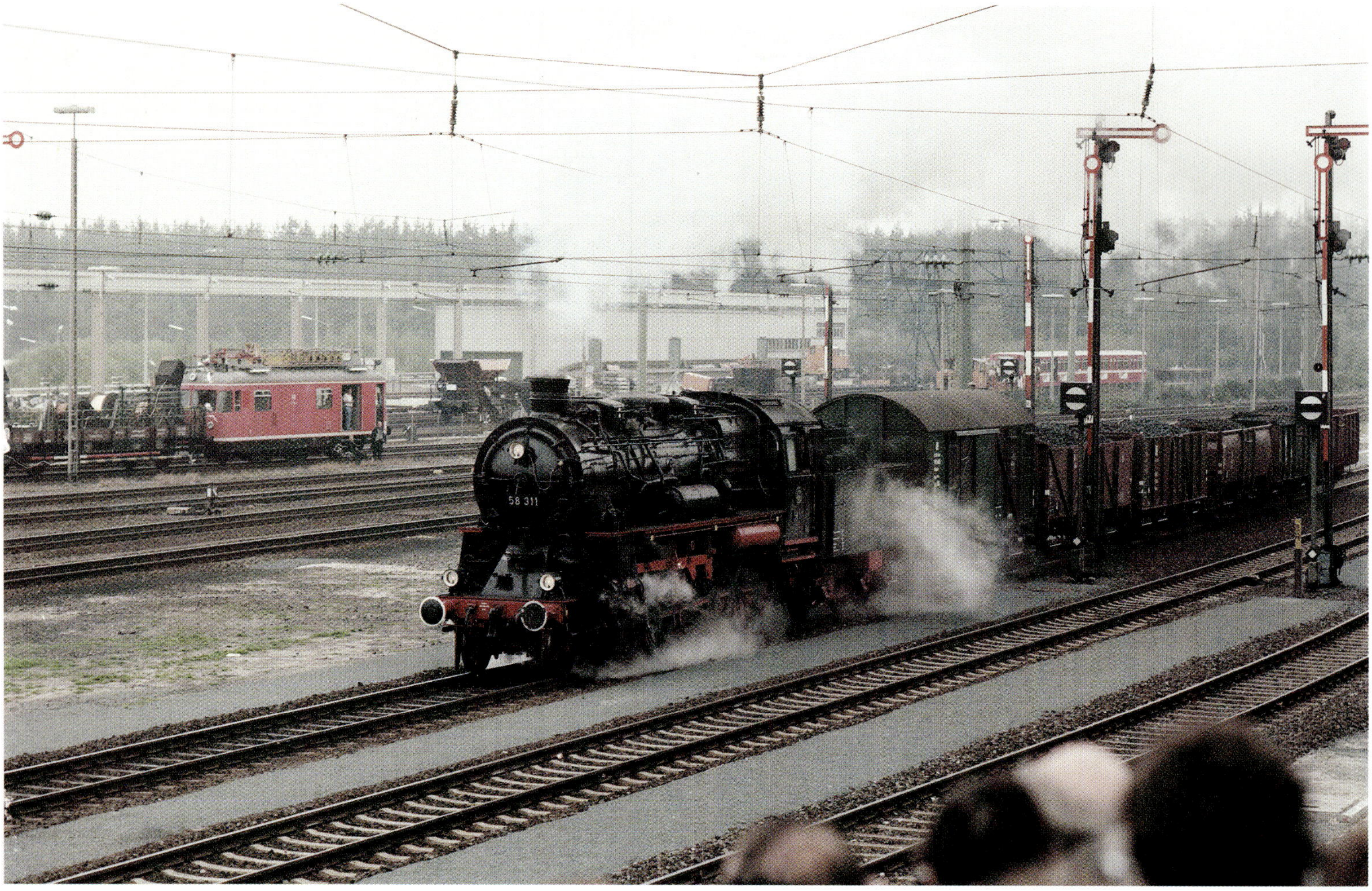
58 311

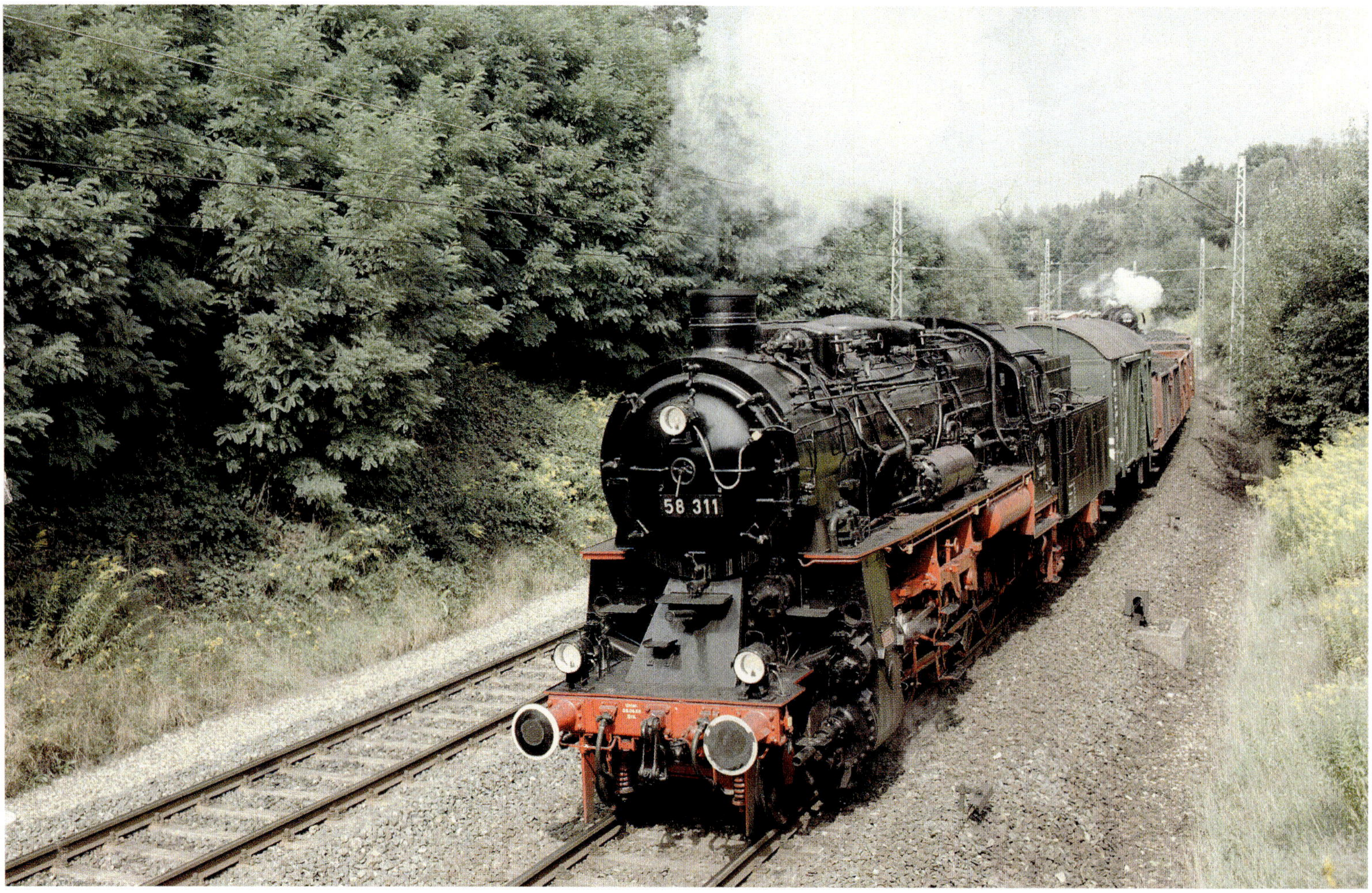
58 311

KPEV G12　　　　　　　　　　　DB 58

Die 1'E-gekuppelte Drillings-Güterzuglok der KPEV war in doppelter Beziehung ihrer Zeit voraus. Zum einen war sie die erste Kriegslok, die zwar für einen großräumigen Einsatz im Ersten Weltkrieg zu spät konstruiert wurde, dafür aber in der Nachkriegszeit wichtige Aufgaben übernehmen konnte. Andererseits haben wir in dieser preußischen G 12 eigentlich den Vorläufer einer deutschen Einheitslokomotive vor uns. Sie wurde nämlich nicht nur von den KPEV, sondern auch von den Badischen, den Sächsischen und den Württembergischen Staatsbahnen beschafft.

Die von der DB übernommenen Lokomotiven wurden wegen der in großer Stückzahl vorhandenen BR 44 schon frühzeitig überflüssig und bis 1954 ausgemustert. Die DR baute von ihren 438 Maschinen 43 auf Kohlenstaubfeuerung um, 47 weitere wurden rekonstruiert zur Baureihe 58[30]. Die ersteren wurden ab 1966 abgestellt.

Indienststellung: 1917-21
Anzahl: 1158
Hersteller: AEG, Borsig, Grafenstaden, Hanomag, Henschel, Krupp, Rheinmetall, Schichau,

Achsanordnung: 1'E h3
Treibraddurchmesser: 1400 mm
Laufräder: 1000 mm
Achsdruck: 16,7 Mp
Länge über Puffer: 18 495 mm

Tender: pr 3 T20, pr 2'2' T31,5
Dienstgewicht: 95,7 Mp
Leistung: 1540 PSi
Höchstgeschwindigkeit: 65 km/h

DRG 64   DB 064

Für die Baureihe 64, eine 1'C1' h2t-Tender- lokomotive für Nebenbahnen, bestand Anfang der 30er Jahre ein großer Bedarf, weil die vielen Ten- derlokomotiven der Länderbahnen, die teilweise noch aus der Anfangszeit der Eisenbahn aus dem 19. Jahrhundert stammten, bevorzugt ausgemus- tert werden sollten.

Die von Borsig konstruierte Maschine hat sich von Anfang an hervorragend bewährt. Sie war des- halb bis 1939 die am meisten gebaute Einheits- lokomotive der DRG.

Zwischen der BR 64 und der BR 24 gab es viele Austauschteile, sodass auch die Rationalisierungs- ziele der Einheitslokomotiven bei diesen beiden Baureihen realisiert werden konnten.

Auch nach dem Krieg erfüllten die Maschinen der BR 64 bei der DB und der DR die in sie gesetz- ten Erwartungen, sodass die Ausmusterung der inzwischen schon betagten Lokomotiven nur lang- sam einsetzte. Erst die zunehmende Verdieselung der Nebenbahnstrecken durch die Baureihen V 100 bedeutete bei der DB und der DR das Ende der Dampftraktion auf diesem Gebiet und damit auch das Ende der Baureihe 64.

Bei den Jubiläumsveranstaltungen der DB gab es 1985 noch einmal eine Wiederbegegnung mit diesen flinken Maschinen.

Indienststellung: 1928-40
Anzahl: 520
Hersteller: AEG, Borsig, Hanomag, Henschel, Humboldt, Jung, Krauss-Maffei, Krupp, Linke- Hofmann, Maschinenfabrik Esslingen, Orenstein & Koppel, Schichau, Union, Vulcan, Wolf,

Achsanordnung: 1'C1' h2t
Treibraddurchmesser: 1500 mm
Laufräder: 850 mm
Achsdruck: 15,3 Mp
Länge über Puffer: 12 400 mm

Dienstgewicht: 74,9 Mp
Leistung: 950 PSi
Höchstgeschwindigkeit: 90 km/h

Letzte Einsatz-Bahnbetriebswerke waren die Bw Aschaffenburg, Heilbronn, Plattling, Tübingen und Weiden bei der DB. Bei der DR waren die Maschi- nen weit verstreut zwischen Berlin und der Ostsee im Einsatz.

Bilddaten

128 DB 57 3088 am 03.10.1985 auf der Jubiläumsschau
129u der DB im Bw Bochum-Dahlhausen
130o DB 58 311 am 15.09.1985 bei der Jubiläums-kavalkade der DB in Nürnberg-Langwasser
130u DB 58 311 am 07.09.1985 in Nürnberg-Langwasser
131u DB 58 311 am 07.09.1985 in Nürnberg-Langwasser
132o DB 064 270-2 am 23.03.1972 im Bw Hof
132u DB 64 446 am 03.10.1985 in Bochum-Dahlhausen
133u DB 064 289-2 am 04.08.1971 im Bw Heilbronn
134 DB 064 136-5 am 21.09.1972 im Bf Lauda
135or DB 064 136-5 am 21.09.1972 im Bf Lauda
135u DB 064 106-8 am 06.10.1971 im Bw Aschaffenburg
136 DB 065 013-5 am 28.07.1971 im Aw Trier
137u DB 065 008-5 am 06.10.1971 im Bw Aschaffenburg
138o DB 065 018-4 am 06.08.1972 im Bf Miltenberg
138u DB 065 018-4 am o6.10.1971 im Bw Aschaffenburg
139o DB 065 013-5 am 28.07.1971 im Aw Trier
140o DR 65 1034-1 am 06.09.1973 in Marzahn
140u DR 65 1034-1 am 06.09.1973 in Marzahn
141u DR 65 1063-0 am 30.08.1973 in Bln.-Lichtenberg

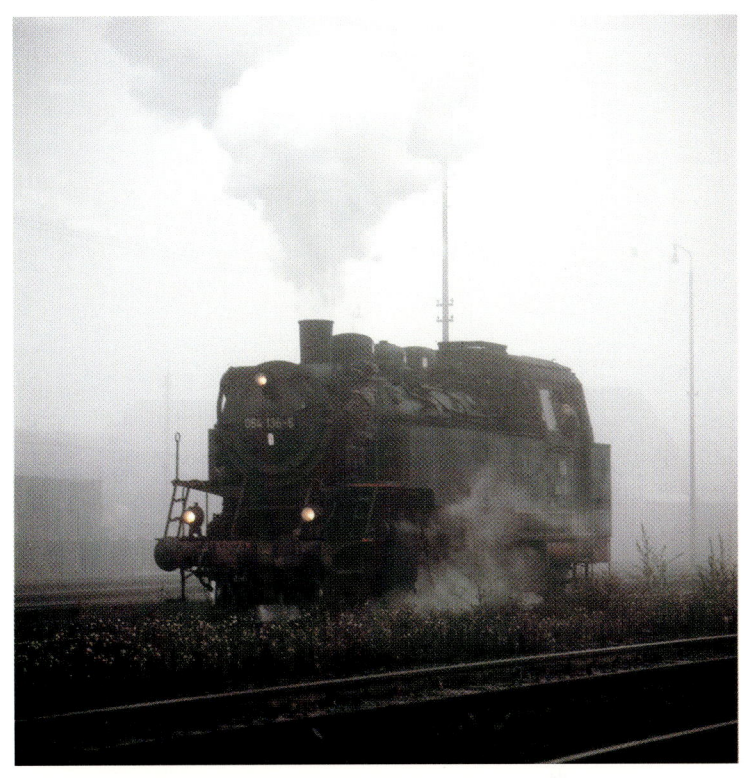

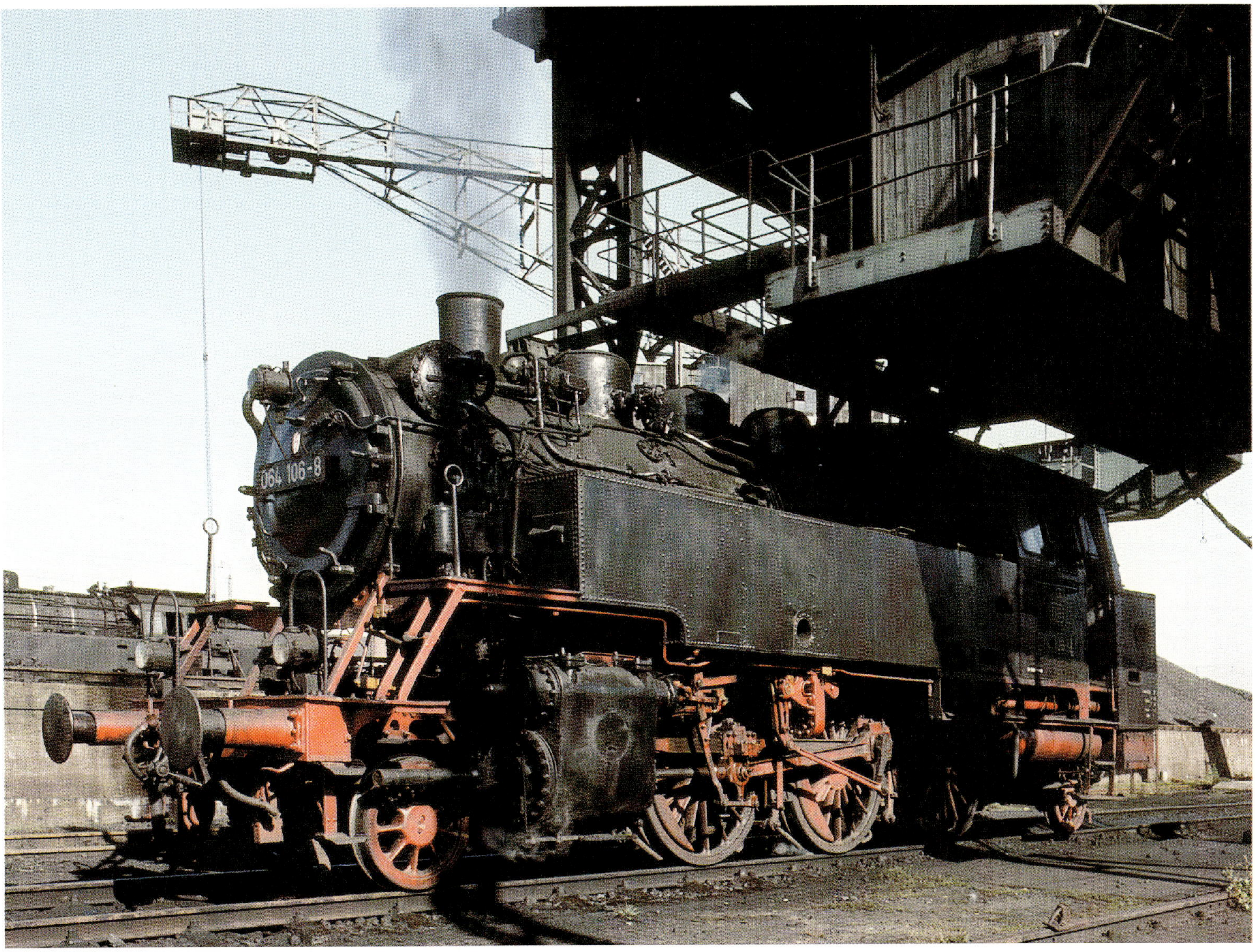

DB 65

DB 065

Die von der Firma Krauss-Maffei konstruierte und später gebaute BR 65 des Nachkriegs-Neubauprogramms der DB war ursprünglich für den Vorortverkehr der großen Städte ausgelegt. Aber gerade in den Ballungsgebieten wurde die Elektrifizierung nach dem Krieg forciert vorangetrieben, sodass die ursprünglich vorgesehen Aufgabengebiete von dieser Baureihe nie übernommen werden konnten. Die BR 65 fristete deshalb von Anbeginn an ein Mauerblümchendasein. Dazu trugen auch die Leistungsdaten bei. Schon Anfang der 50er Jahre war eine Höchstgeschwindigkeit von 85 km/h zu gering für den Personenschnellverkehr. Und für eine Güterzugtenderlokomotive dieser Bauart gab es bei der DB keine Verwendung. Die Ausmusterung dieser Neubauloks erfolgte deshalb schon Anfang der 70er Jahre.

Indienststellung: 1951-56
Anzahl: 18
Hersteller: Krauss-Maffei

Achsanordnung: 1'D2' h2
Treibraddurchmesser: 1500 mm
Laufräder: 850 mm
Achsdruck: 16,9 Mp
Länge über Puffer: 15 475 mm

Dienstgewicht: 107,6 Mp
Leistung: 1480 PSi
Höchstgeschwindigkeit: 85 km/h

Letzte Einsätze: Vom Bw Aschaffenburg auf der Strecke Aschaffenburg-Miltenberg

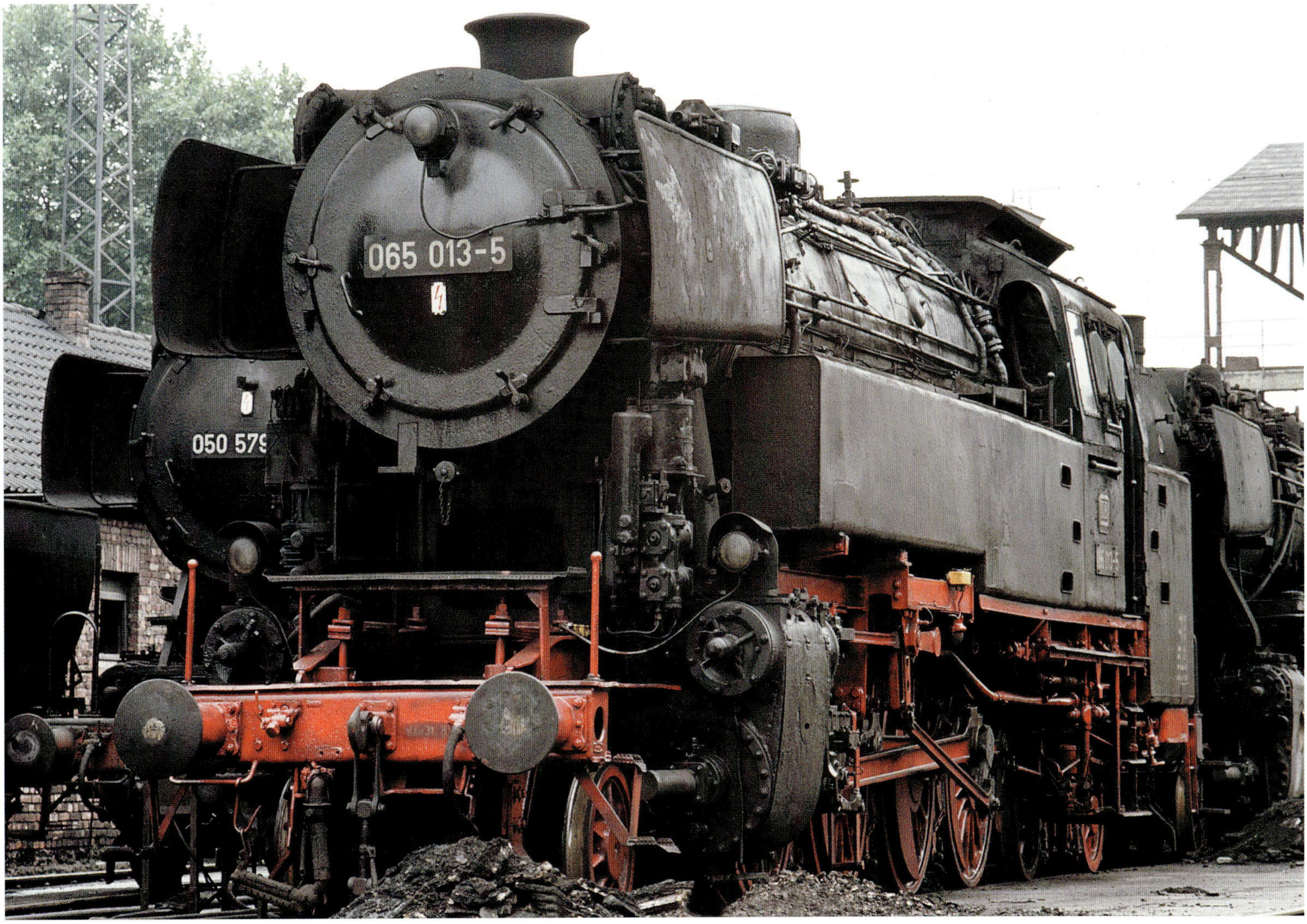
065 013-5

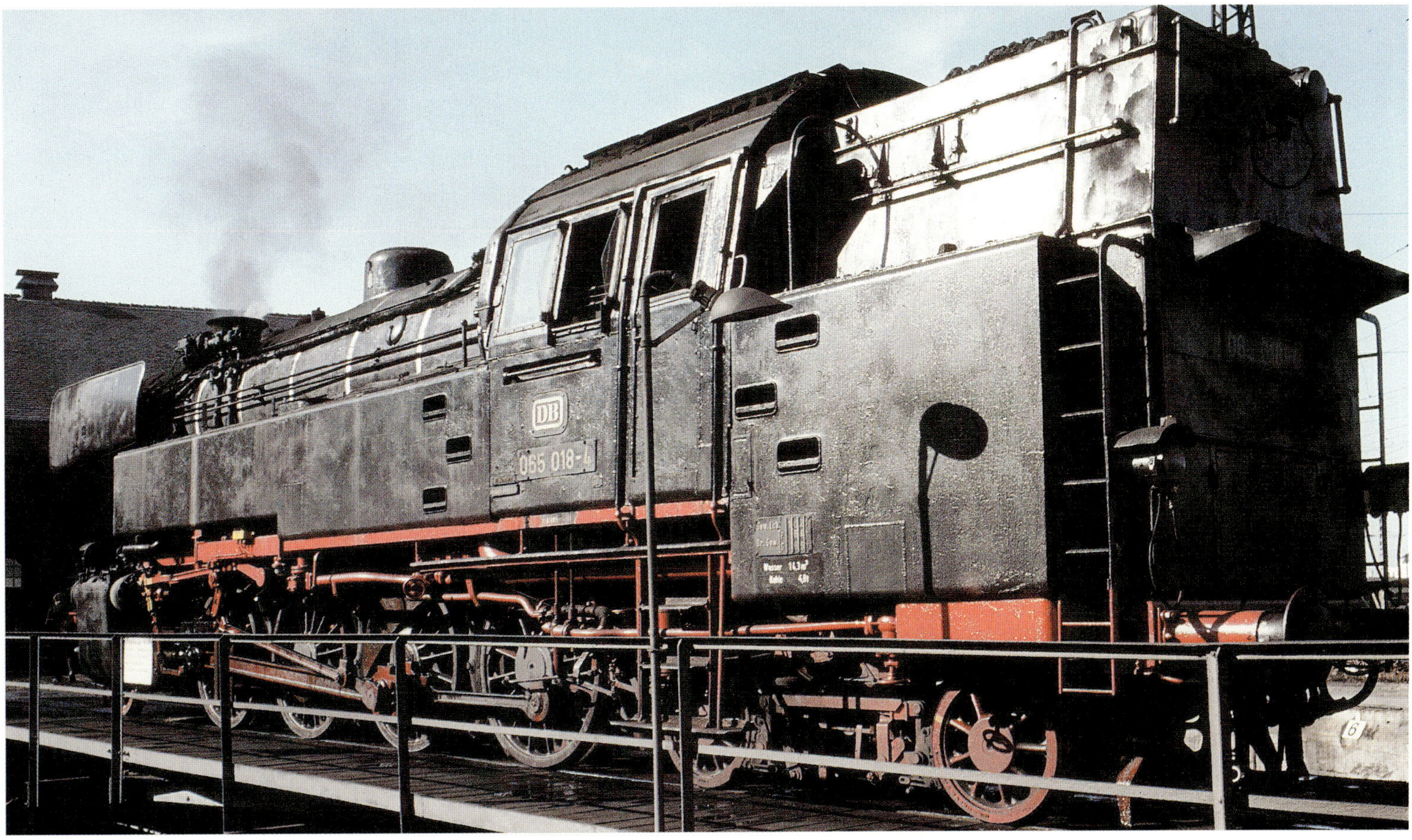
DB
065 018-4

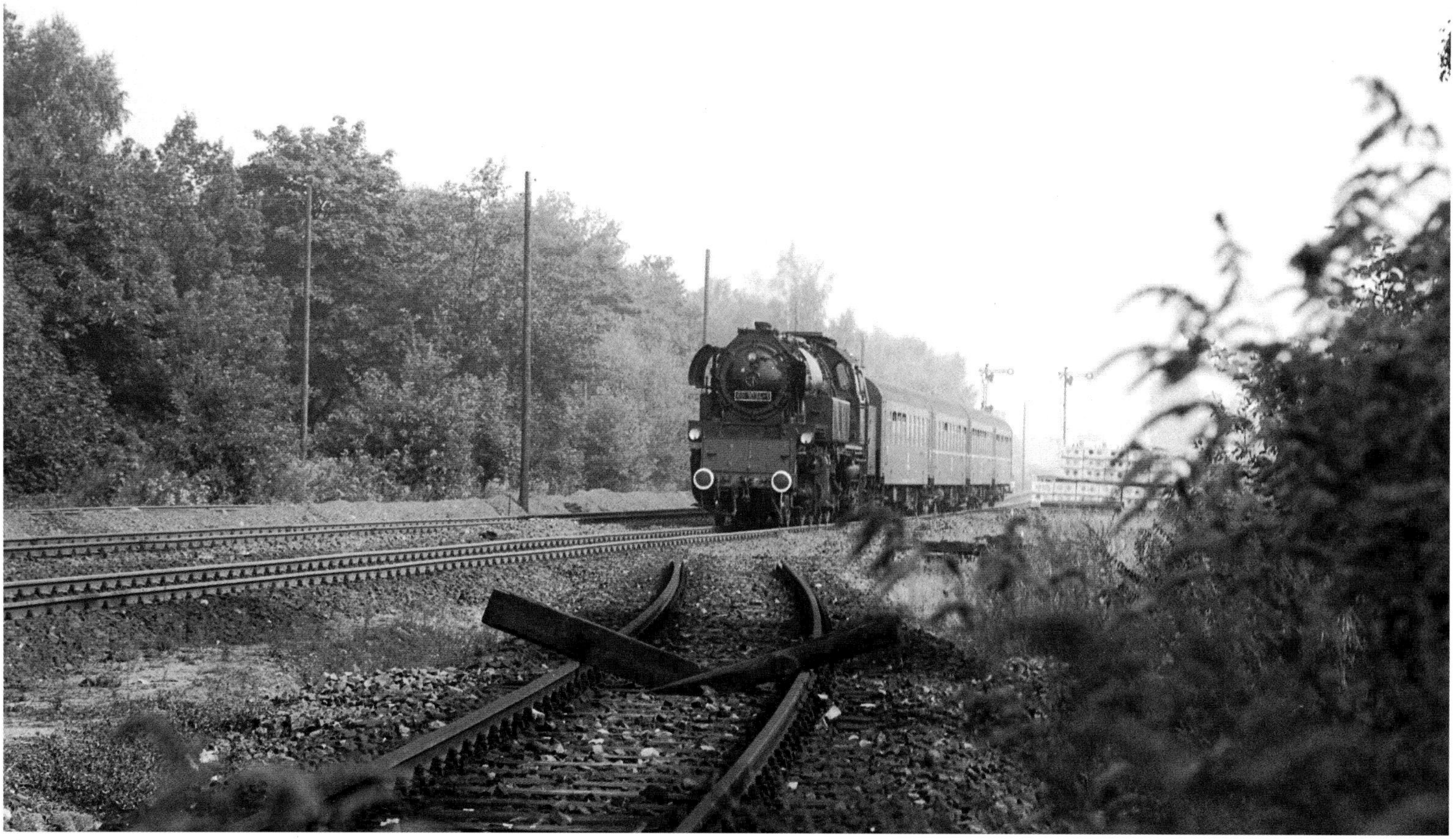

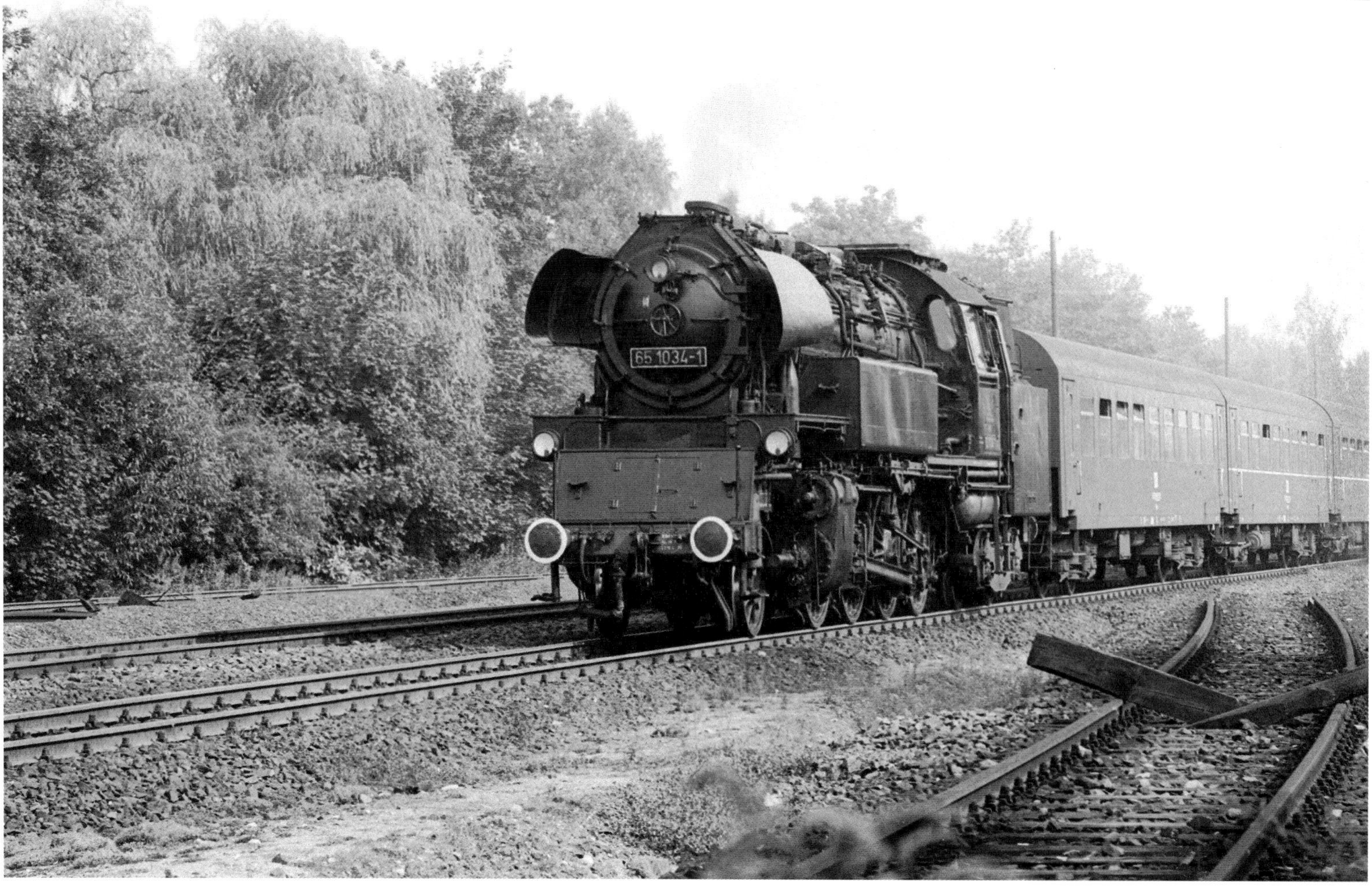
65 1034-1

DR 65¹⁰

Auch bei der DR wurde ein schon seit 1940 vorliegender Entwurf einer 1'D2' h2t-Lokomotive für den Vorortverkehr nach dem Krieg realisiert. Durch die Verwendung größerer Treib- und Kuppelräder als bei der BR 65 der DB waren die Leistungsdaten insgesamt vorteilhafter für die ins Auge gefasste Aufgabe. Der BR 65¹⁰ der DR war deshalb ein besseres Schicksal als dem westdeutschen Pendant beschieden.

Die geschweißten Kessel mit Verbrennungskammer und Mischvorwärmer bewährten sich zufriedenstellend. Eine ab 1967 durchgeführte Ausrüstung mit Giesl-Ejektoren konnte die Leistung geringfügig weiter verbessern. Auffälig ist an der DR 65¹⁰ das in einem Außenrahmen gelagerte hintere Drehgestell.

Anfang der 70er Jahre konnte diese Baureihe in Berlin-Lichtenberg auf der Strecke nach Werneuchen beobachtet werden.

Indienststellung: 1954-57
Anzahl: 88, zusätzlich 7 für die Leunawerke
Hersteller: VEB LEW *Hans Beimler* Henningsdorf

Achsanordnung: 1'D2' h2t
Treibraddurchmesser: 1600 mm
Laufräder: 1000 mm
Länge über Puffer: 17 500 mm
Achsdruck: 17,5 Mp

Dienstgewicht: 113,0 Mp
Leistung: 1500 PSi
Höchstgeschwindigkeit: 90 km/h

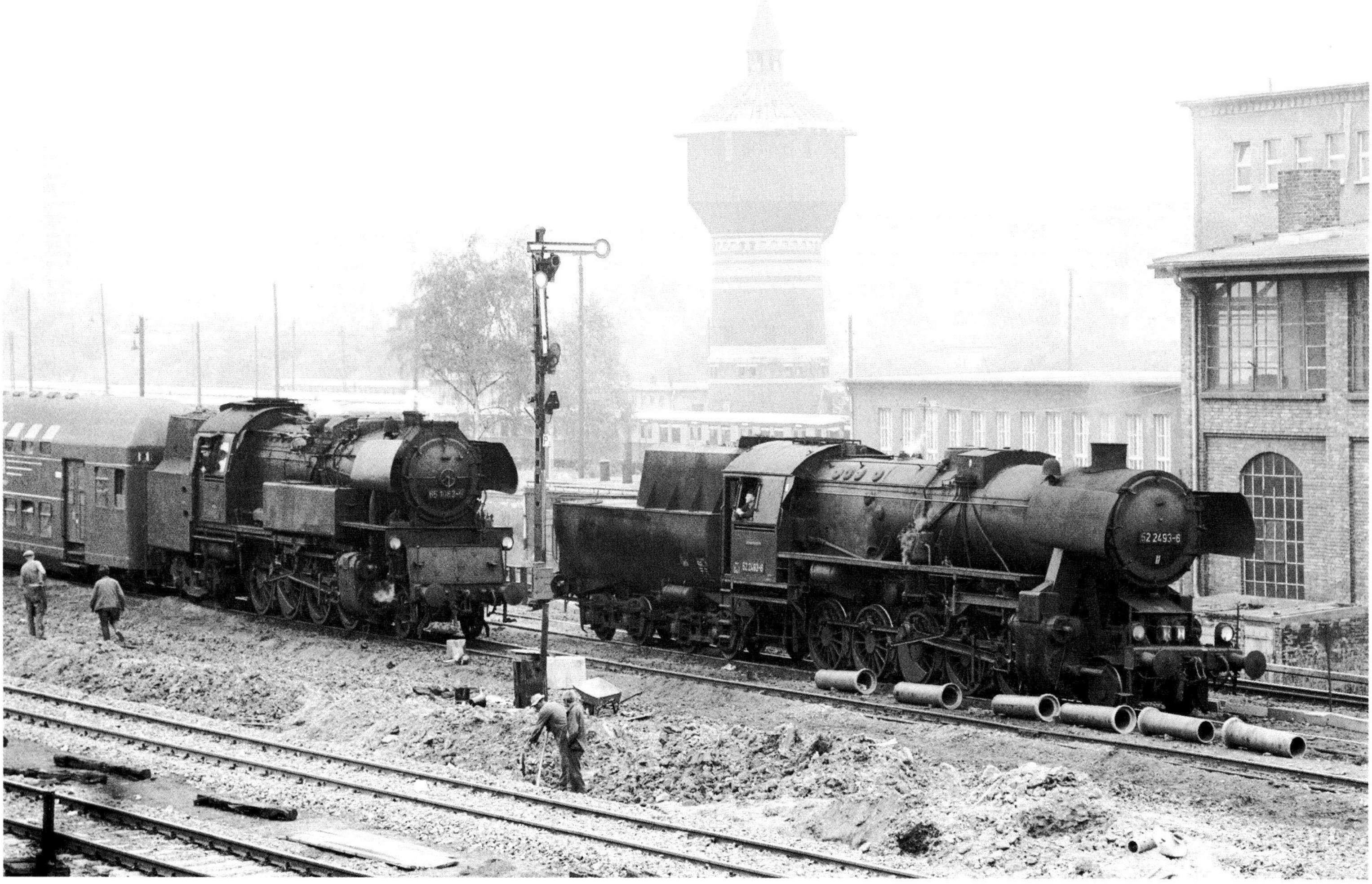
52 2493-6

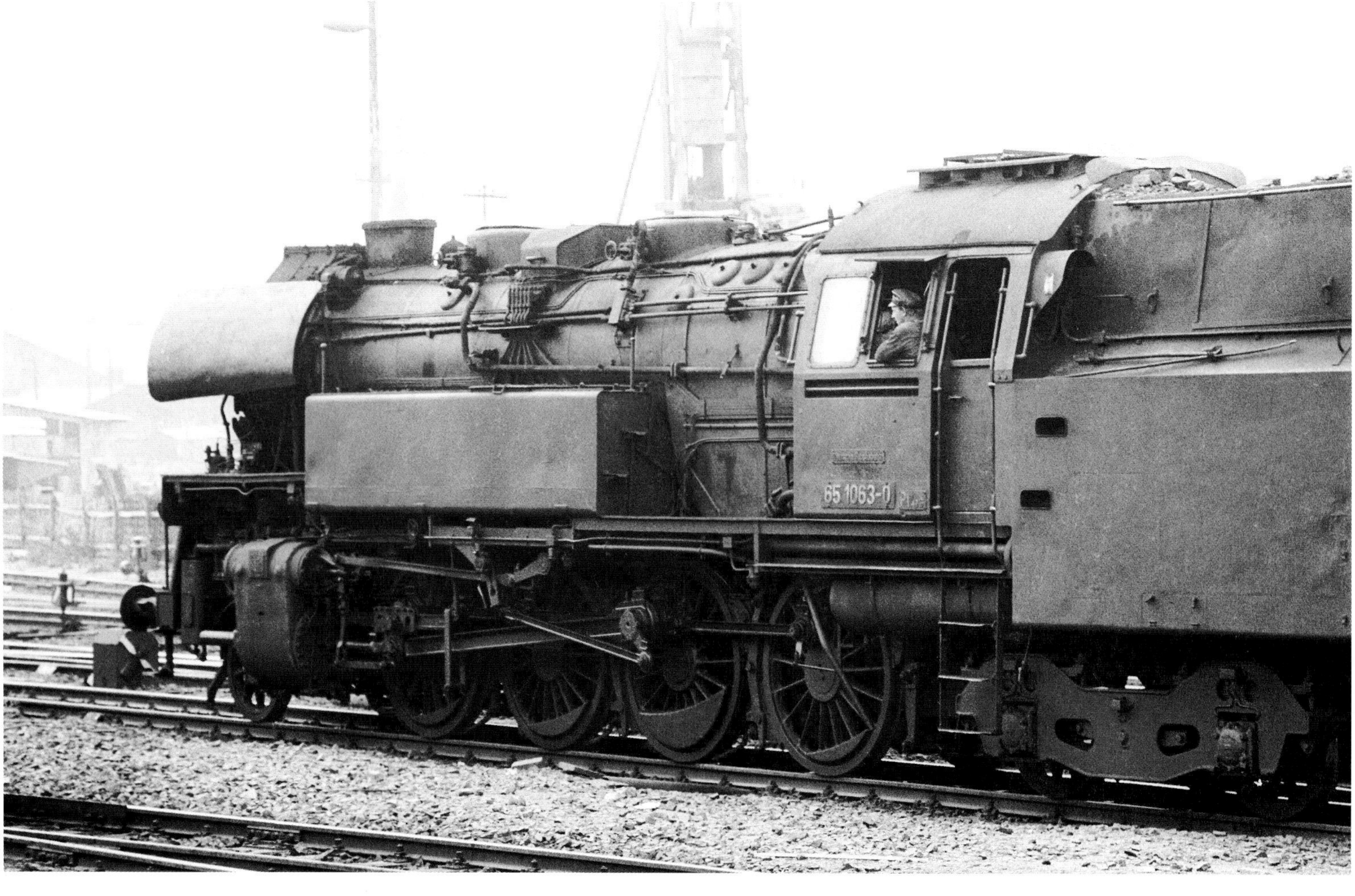
65 1063-0

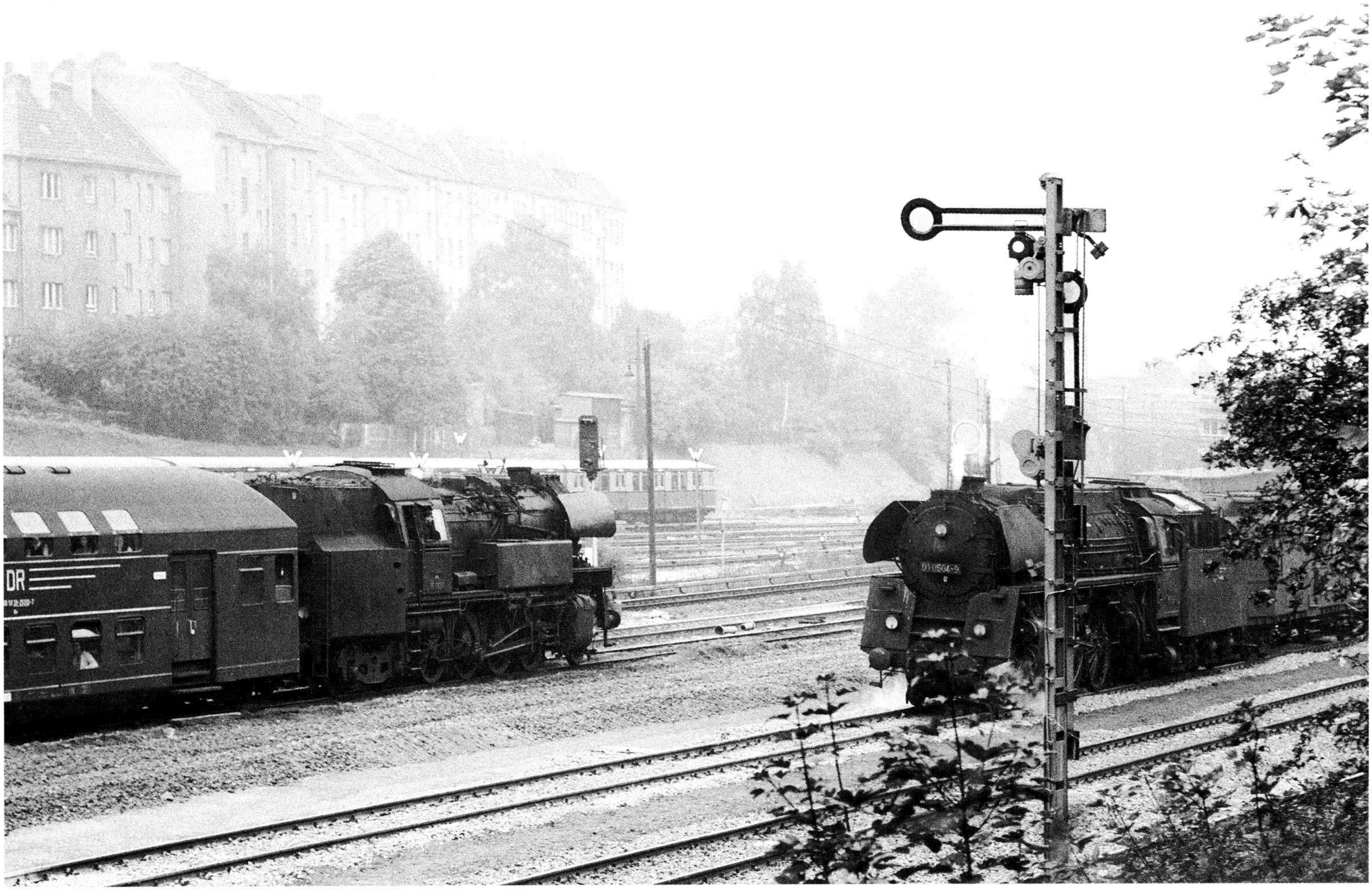
DR

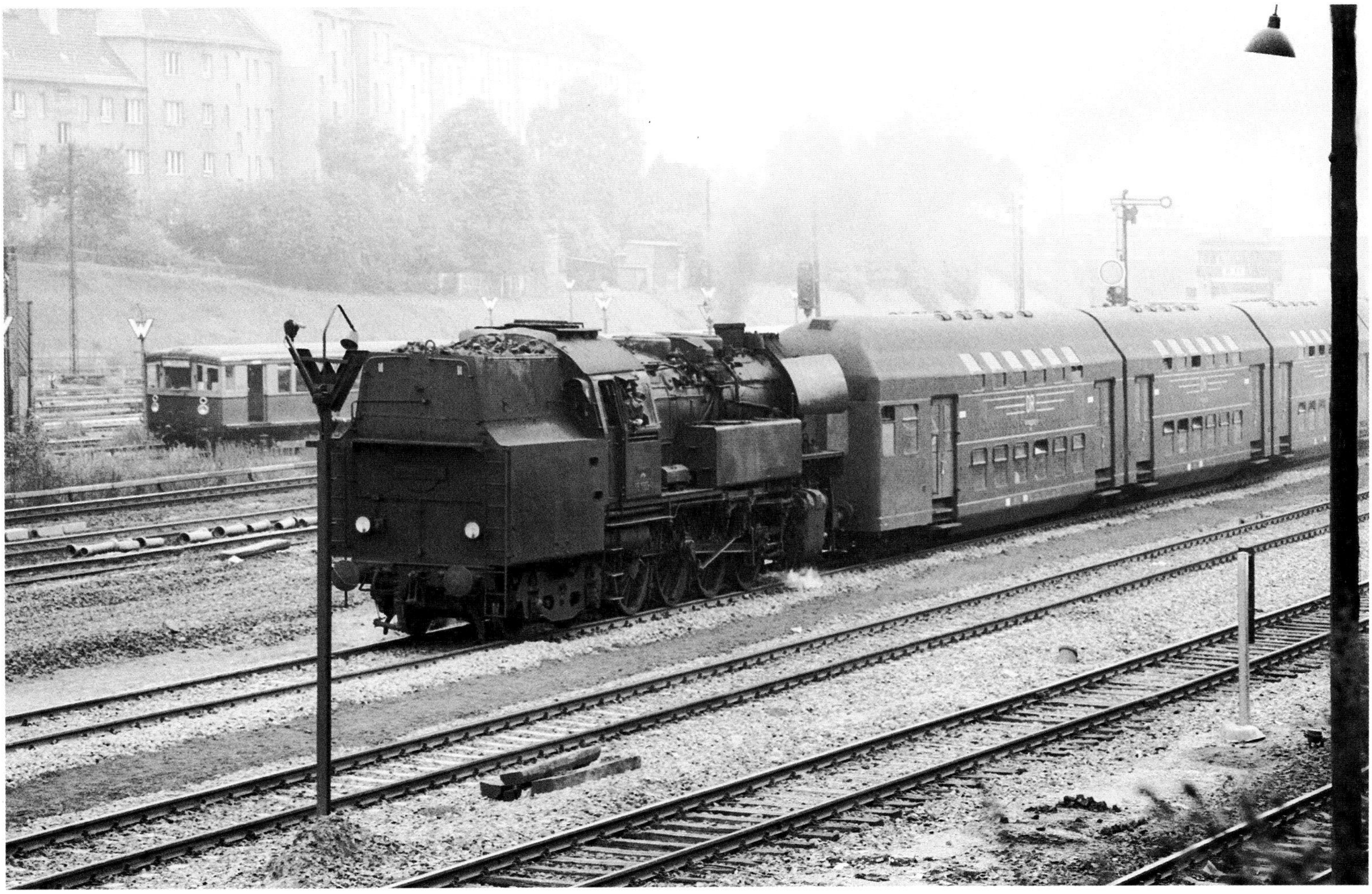

DB 66

Auch dem zweiten Versuch der DB, eine Tenderlok für den Vorortverkehr und die Ablösung der Länderbaureihen 38[10] und 78 zu konstruieren, war kein Erfolg beschieden. Die Ablösung geschah dagegen durch die zügig vorangetriebene Elektrifizierung der DB-Strecken.

Die beiden Maschinen wurden vom Bw Gießen aus vor leichten Zügen nach Frankfurt a.M. bis zum Jahre 1966 eingesetzt. Dann wurde die 66 001 durch Bedienungsfehler so stark beschädigt, dass sie von der Ausbesserung zurückgestellt und ausgemustert wurde. Die 66 002 diente danach nur noch als Reserve und wurde 1967 von der Deutschen Gesellschaft für Eisenbahngeschichte erworben und auf Ausstellungen gezeigt.

Indienststellung: 1955
Anzahl 2
Hersteller: Henschel

Achsanordnung: 1'C 2' h2t
Treibraddurchmesser: 1600 mm
Laufräder: 1000 bzw. 850 mm
Achsdruck:15,8 Mp
Länge über Puffer: 14 750 mm

Dienstgewicht: 93,4 Mp
Leistung: 1170 PSi
Höchstgeschwindigkeit: 100 km/h

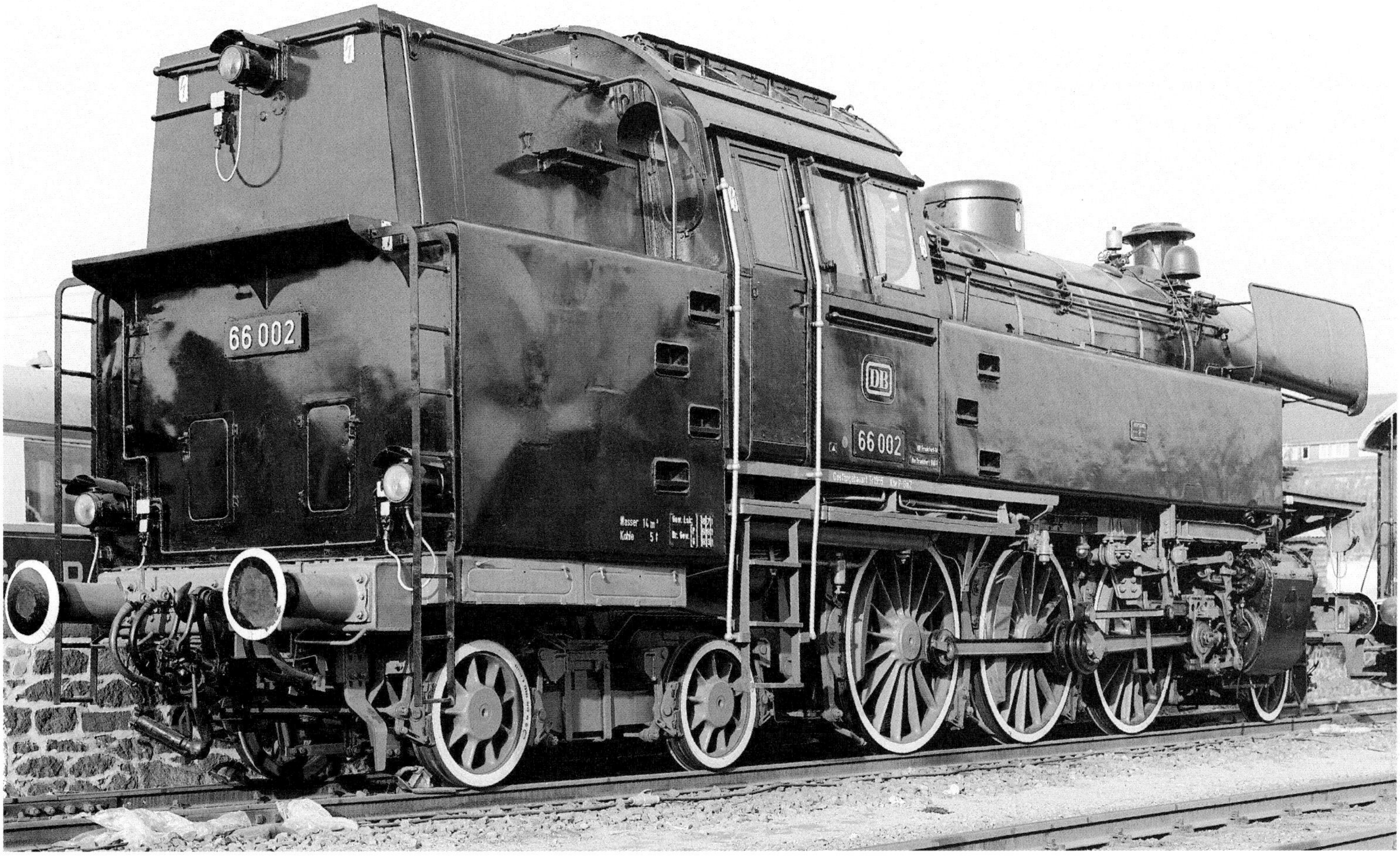
66 002
66 002

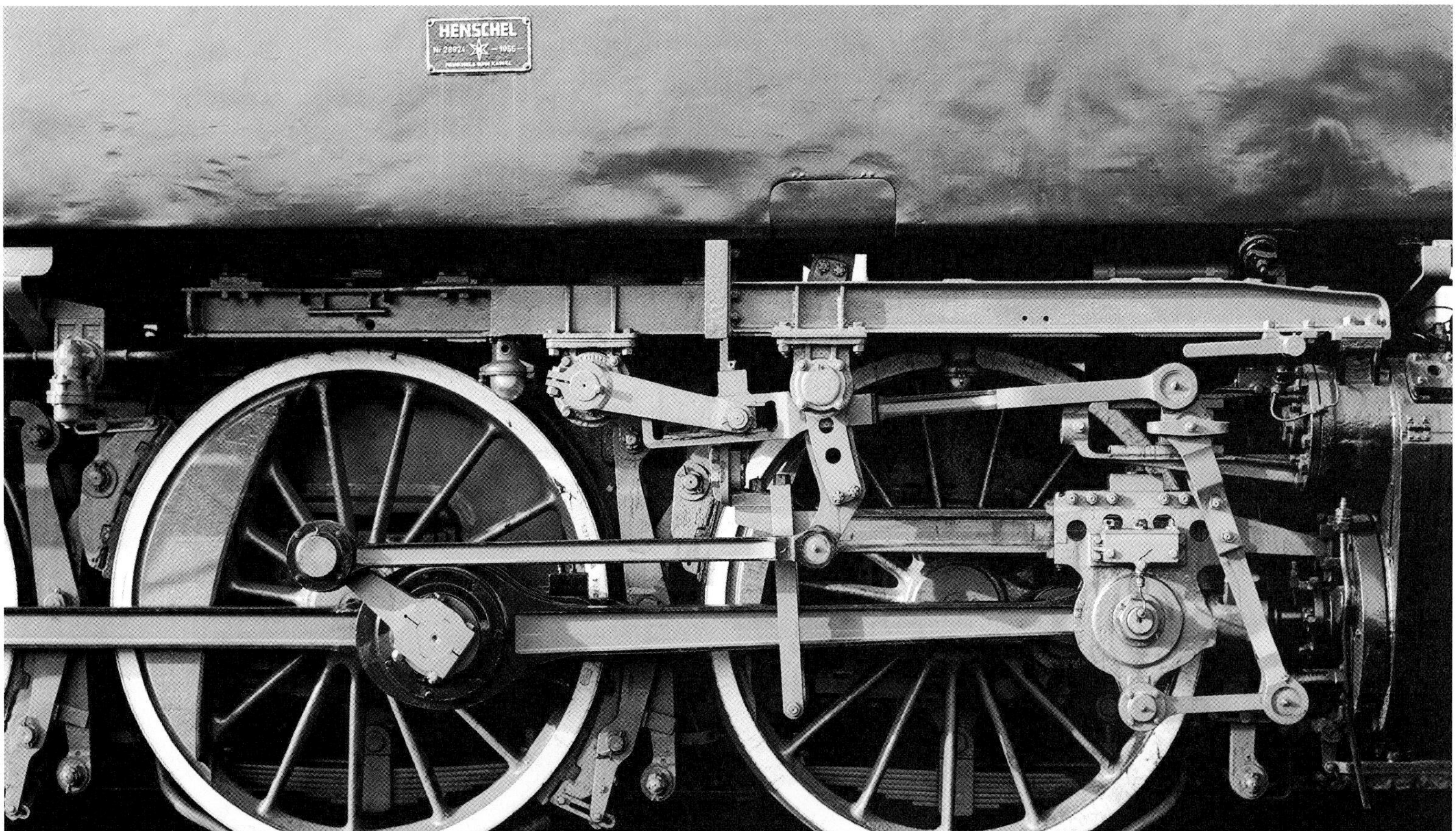
HENSCHEL

Bayer. Pt 2/3 DB 70⁰

Für das ausgedehnte Nebenbahnnetz der Bayerischen Staatsbahnen wurden zwischen 1918 und 1915 insgesamt 97 Lokomotiven der bayerischen Baureihe Pt 2/3 bei der Münchner Lokomotivfabrik Krauss beschafft.

Trotz ihrer bescheidenen Leistungsdaten verrichteten diese kleinen Maschinen ihre Aufgaben auf den Nebenbahnen im Voralpenland viele Jahre zur vollsten Zufriedenheit.

Die DB übernahm nach dem Krieg noch 91 Maschinen, von denen zwei stark zerstörte als Ersatzteilspender dienten. Vier Maschinen gelangten zur ÖBB, die sie auf der Strecke zwischen Pöchlarn und Kienberg ebenfalls im Voralpenland einsetzte. Zwei Maschinen gingen im Krieg verloren.

Beginnend mit dem Jahr 1954 wurden diese Lokomotiven langsam ausgemustert, die letzte erst im Jahr 1963.

Indienststellung: 1910-15
Anzahl: 97
Hersteller: Krauss

Achsanordnung: 1B h2t
Treibraddurchmesser: 1250 mm
Laufräder: 850 mm
Achsdruck: 13,9 Mp
Länge über Puffer: 9165 mm

Dienstgewicht: 39,6 Mp
Leistung: 420 PSi
Höchstgeschwindigkeit: 65 km/h

Anfang der 70er Jahre konnten so alte Maschinen zwar nicht mehr im Betrieb, aber dafür noch als mehr oder weniger gepflegte Denkmalslokomotiven entdeckt werden.

KPEV T12 DB 74

Für die Berliner S-Bahn brauchte die KPEV Anfang des vergangenen Jahrhunderts eine Ersatzbaureihe, da die bis dahin eingesetzte T5² den ständig steigenden Anforderungen nicht mehr gewachsen war.

Ab 1905 begann die Serienfertigung der für diesen Zweck von der KPEV entwickelten Baureihe T12. Bis zu Elektrifizierung der Berliner S-Bahn wurden rund 500 Maschinen dieses Typs auf ihren Strecken verwendet.

Auch nach dem Krieg waren sowohl bei der DR als auch bei der DB noch viele Maschinen der inzwischen als Baureihe 74 geführten Gattung in Betrieb. Die Einsatzzeit endet endgültig im Jahre 1968.

Bei den Jubiläumsveranstaltungen der DB gab es 1985 in Nürnberg-Langwasser und in Bochum-Dahlhausen ein Wiedersehen mit dieser einst in Berlin allgegenwärtigen Baureihe 74.

Indienststellung: 1902-21
Anzahl: >1000
Hersteller: Borsig, Grafenstaden, Henschel, Hohenzollern, Linke-Hofmann, Union, Vulcan,

Achsanordnung: 1'C h2t
Treibraddurchmesser: 1500 mm
Laufräder: 1000 mm
Achsdruck: 17,7,Mp
Länge über Puffer: 11 800 mm

Dienstgewicht: 67,2 Mp
Leistung: 870 PSi
Höchstgeschwindigkeit: 80 km/h

Badische VIc

DB 75

Für Nebenstreckeneinsätze beschaffte die Badische Staatsbahn zwischen 1914 und 1921 135 Maschinen einer verbesserten 1'C1'-Ausführung, die im Gegensatz zur VIb jetzt als Heißdampflokomotive konzipiert war.

Zur DRG kamen nach einigen Abgängen durch Reparationsleistungen 107 Lokomotiven, die, nach Herstellungsdaten unterschieden, in die Baureihen 75⁴ und 75¹⁰⁻¹¹ eingereiht wurden.

Nach dem Krieg verblieben 29 Maschinen bei der DR, die bei den Bw Bautzen, Haldensleben und Zittau im Nebenbahnverkehr eingesetzt wurden.

Die DB übernahm 66 Lokomotiven der Baureihe 75. Sie wurden vor allem zwischen Bodensee und Schwarzwald auf Nebenbahnen abgefahren. Die Ausmusterung erfolgte bei der DB 1966, während die in der DDR eingesetzten Maschinen noch bis 1969 Dienst taten.

Indienststellung: 1914-21
Anzahl: 135
Hersteller: Jung, Maschinenbau-Gesellschaft Karlsruhe

Achsanordnung: 1'C1' h2
Treibraddurchmesser: 1590 mm
Laufräder: 1065 mm
Achsdruck: 16,6, Mp
Länge über Puffer: 12 415 mm

Dienstgewicht: 79,4 Mp
Leistung: 990 PSi
Höchstgeschwindigkeit: 75 km/h

Letzte Einsätze: Auf Nebenbahnstrecken und im Verschub vom Bw Radolfzell aus

KPEV T18 {style=left} DB 078 {style=right}

Die KPEV ließ von der Stettiner Lokomotivfabrik Vulcan als Nachfolger der nicht sehr erfolgreichen T10, einer 2'C h2t-Maschine, die letzte Länderbahn-Tenderlokomotive T18 als 2'C2' h2t entwickeln und vor allem bei Vulcan und Henschel in einer Stückzahl von 482 für die KPEV und die Württembergische Staatsbahn (20) herstellen. Die Baureihe bewährte sich ganz hervorragend und löste sogleich die T10 zwischen Frankfurt a.M. und Wiesbaden sowie die T12 auf Rügen ab.

Nach dem Krieg kamen 424 Lokomotiven der Baureihe 78 zur DB und 53 zur DR. Sie wurden vor allem durch die neuen Dieselloks V 100 von ihren Stammstrecken vertrieben.

Anfang der 70er Jahre endete der planmäßige Einsatz bei der DB wiederum im württembergischen Raum.

Indienststellung: 1912-24, Nachzügler bis 1938
Anzahl: 529
Hersteller: Henschel, Vulcan; Franco-Belge, Hanomag

Achsanordnung: 2'C2' h2t
Treibraddurchmesser: 1650 mm
Laufräder: 1000 mm
Achsdruck: 17,1 Mp
Länge über Puffer: 14 800 mm

Dienstgewicht: 106,0 Mp
Leistung: 1140 PSi
Höchstgeschwindigkeit: 100 km/h

Letzte Einsätze: Vom Bw Rottweil aus 1974 nach Villingen und Tuttlingen

Bilddaten

142o DR 65 1063-0 am 30.08.1973 in Bln.-Lichtenberg

142u DR 65 1063-0 am 30.08.1973 in Bln.-Lichtenberg

143o,u DR 65 am 30.08.1973 in Berlin-Lichtenberg

144 DB 66 002 am 22.05.1977 im Bw G.-Bismarck

145u DB 66 002 am 22.05.1977 im Bw G.-Bismarck

146 DB 66 002 am 19.05.1975 im Bf Nieder-Mendig

147o DB 66 002 am 19.05.1975 im Bf Nieder-Mendig

147u DB 66 002 am 19.05.1975 im Bf Nieder-Mendig

148 DB 70 083 am 18.05.1979 in Mühldorf

149u DB 70 083 am 18.05.1979 in Mühldorf

150 DB 74 1192 am 07.09.1985 bei der Anfahrt zur Jubiläumskavalkade der DB in Nürnberg-Langwasser

151u DB 74 1192 am 10.10.1985 auf der Jubiläumsausstellung der DB im Bw Bochum-Dahlhausen

152 DB 75 1118 am 10.10.1985 auf der Jubiläumsausstellung der DB im Bw Bochum-Dahlhausen

153u Die gleiche Lokomotive als Farbbild. Die hervorragend für das Jubiläum hergerichteten Maschinen waren eine Augenweide für den Fotografen.

DRG 80

DB 80
RAG

Das Einheitsbauprogramm der DRG wies auch eine Reihe von Rangierlokomotiven aus. Darunter war die Baureihe 80 für die großen Personenbahnhöfe bestimmt, deren Rangieraufgaben 1927 immer noch von den nahezu unverwüstlichen *Teckeln* der preußischen Bauart T3 (später DRG 89[70]) verrichtet wurden. Erste Einsätze waren die Hauptbahnhöfe von Köln und Leipzig.

Nach dem Krieg verblieben 21 Maschinen in Leipzig, die dort bis 1963 den Verschub erledigten. Die DB erhielt 17 Lokomotiven, die bis 1965 ausgemustert wurden und zum Teil bei einigen Kohlezechen landeten. Dort konnte man sie Anfang der 70er Jahre noch im internen Einsatz vor Kohlezügen beobachten.

Indienststellung: 1927-28
Anzahl: 39
Hersteller: Hohenzollern, Jung, Union, Wolf

Achsanordnung: C h2t
Treibraddurchmesser: 1100 mm
Achsdruck: 18,2 Mp
Länge über Puffer: 9670 mm

Dienstgewicht: 54,4 Mp
Leistung: 575 PSi
Höchstgeschwindigkeit: 45 km/h

Letzte Einsätze: Im Verschubdienst bei der Zeche Werne der Ruhrkohlen AG

Bilddaten

154   DB 078 246-6 am 12.10.1971 im Bw Rottweil
155u   DB 078 246-6 am 12.10.1971 im Bw Rottweil
156   DB 78 192 am 23.04.1972 bei Prüm mit einem Sonderzug des *Eisenbahn-Kurier* auf der Abschiedsfahrt der Baureihe 78 durch die Eifel
157o   DB 078 453-8 am 25.05.1972 Bf Eutingen
157ur   DB 078 192-2 am 23.04.1972 Bf Euskirchen
158   DB 078 246-6 am 12.10.1971 Bf Rottweil
159o   DB 078 246-6 am 23.09.1974 vor Rottweil
160   DB 80 030 am 03.10.1985 und
161u   DB 80 030 am 10.10.1985 anlässlich der Jubiläumsschau der DB im Bw Bochum-Dahlhausen

DB 82   # DB 082

Die Baureihe 82 war die erste nach dem Kriege gebaute Lokomotive der DB. Im Neubauprogramm war sie auch für den Güter- und Personenverkehr auf Steilstrecken vorgesehen. Zwei Maschinen erhielten deshalb Riggenbach-Gegendruckbremsen. Die ins Auge gefasste Ablösung der Länderbautenderlokomotiven der Baureihe 94 konnte mit der BR 82 wegen des fortschreitenden Traktionswandels allerdings nicht mehr erreicht werden.

Der Baureihe 82 war nur eine Einsatzdauer von rund 20 Jahren beschieden.

Indienststellung: 1950-55
Anzahl: 41
Hersteller: Henschel, Krupp, Maschinenfabrik Esslingen

Achsanordnung: E h2t
Treibraddurchmesser: 1400 mm
Achsdruck: 18,9 Mp
Länge über Puffer: 14 060 mm
Dienstgewicht: 91,8 Mp
Leistung: 1290 PSi
Höchstgeschwindigkeit: 70 km/h

Bilddaten

162   RAG Nr. 11 (ex DRG 80 036) und RAG Nr. 14 (ex DRG 80 039) am 26.08.1971 vor der Zeche Werne

163u   RAG Nr. 13 (ex DRG 80 037) am 26.08.1971 beim Rangieren vor der Zeche Werne

164   DB 082 021-7 am 09.01.1972 Bf Flammersfeld

165u   DB 082 008-4 am 27.07.1971 Bw Koblenz-Mosel

166ol DB 082 008-4 am 27.07.1971 Bw Koblenz-Mosel

166ul DB 082 021-7 am 09.01.1972 Bf Altenkirchen

167o   DB 082 021-7 am 09.01.1972 im Nistertal bei einem Fotohalt einer Abschiedsfahrt der Baureihe 82 des *Eisenbahn-Kurier*

168   DB 082 021-7 am 09.01.1972 auf dem Viadukt bei Westerburg

169   DB 082 021-7 am 09.01.1972 auf dem Viadukt bei Westerburg

170o   DB 85 007 am 02.06.1971 vor der Ingenieurschule in Konstanz

170u   DB 85 007 am 02.06.1971 vor der Ingenieurschule in Konstanz

171u   DB 85 007 am 02.06.1971 vor der Ingenieurschule in Konstanz

DRG 85   # DB 85

Im Einheitslokomotiven-Programm der Deutschen Reichsbahn-Gesellschaft waren auch Baureihen für die im Reichsgebiet liegenden Steilstrecken vorgesehen. Von diesen wies besonders die Strecke durch das Höllental von Freiburg im Breisgau nach Triberg im Schwarzwald einen regen Güter- und vor allem Touristenverkehr auf, der nach immer höheren Zuggewichten und kürzeren Fahrzeiten bei vermehrtem Zugangebot verlangte.

Für diese Strecke entwickelte die Firma Henschel 1932 auf Basis der guten Erfahrungen mit der T20 im Thüringer Wald eine wuchtige 1'E1' h3t-Maschine als reine Adhäsionsbauart, die den langsamen Zahnradverkehr beenden sollte.

Die Baureihe 85 wurde in 10 Exemplaren auf der Höllentalbahn, nach Abstellung der bei allen Neubauten auftretenden Kinderkrankheiten, zur vollen Zufriedenheit bis zu Elektrifizierung dieser Strecke Ende der 50er Jahre eingesetzt. Auch danach arbeiteten die 85er-Dampfloks noch so lange als Schublokomotiven für die von E 244 angeführten Züge, bis deren einwandfreies Funktionieren ohne Zweifel feststand.

Letzte Schubaufgaben wurden dann noch auf der Steilstrecke Erkrath-Hochdahl erbracht, bis auch dort die Elektrifizierung den Dampfbetrieb endgültig beendete.

Indienststellung: 1932-33
Anzahl: 10
Hersteller: Henschel

Achsanordnung: 1'E1' h3t
Treibraddurchmesser: 1400 mm
Laufräder: 850 mm
Achsdruck: 20,1 Mp
Länge über Puffer: 16 300 mm

Dienstgewicht: 133,6 Mp
Leistung: 1500 PSi
Höchstgeschwindigkeit: 80 km/h

Einsatz: Die Baureihe 85 war für die Höllentalbahn von Freiburg nach Triberg konzipiert und wurde vor allem dort auch von 1932 bis 1961 bis zur Elektrifizierung dieser landschaftlich schönen Strecke gefahren.

Von den zu diesem Zeitpunkt neun noch eingesetzten Maschinen versah die 85 007 noch einige Monate Schubdienst auf der Strecke Erkrath-Hochdahl, bis sie im Bw Wuppertal-Vohwinkel Ende 1961 ausgemustert wurde.

DRG 86   DB 086

Das Einheitslokomotivenprogramm der DRG enthielt eine 1'D1' h2t-Lokomotive, die für die Ablösung der teilweise schon sehr betagten Länderbaureihen auf den zahlreichen Regionalstrecken bestimmt war. Sie sollte in der Lage sein, sowohl den Personen- als auch den leichten Güterverkehr zu übernehmen. Wegen des dringenden Bedarfs wurde die Konstruktion schon 1927 begonnen und die erste Lokomotive dieser Baureihe Anfang 1928 in Dienst gestellt.

Die Baureihe 86 erwies sich als gelungener Wurf. Ebenso wie die BR 64 gehörte sie deshalb zu den am meisten gebauten Einheitslokomotiven der DRG.

Nach dem Krieg wurden die Maschinen weit verstreut. So gelangten 385 zur DB , 175 zur DR, 65 zur CSD, 29 zur ÖBB, 44 zur PKP und 46 zu den sowjetischen Bahnen. Die Ausmusterung erfolgte Ende der 70er Jahre.

Indienststellung: 1928-43
Anzahl: 775
Hersteller: Borsig, DWM Posen, Henschel, Krupp, Linke-Hofmann, Maschinenbaugesellschaft Karlsruhe, Maschinenfabrik Esslingen, Orenstein & Koppel, Schichau, Schwartzkopff , Wiener Lokomotivfabrik

Achsanordnung: 1'D1' h2t
Treibraddurchmesser: 1400 mm
Laufräder: 850 mm
Achsdruck: 15,6 Mp
Länge über Puffer: 13 820 mm

Dienstgewicht: 88,5 Mp
Leistung: 1030 PSi
Höchstgeschwindigkeit: 70 km/h

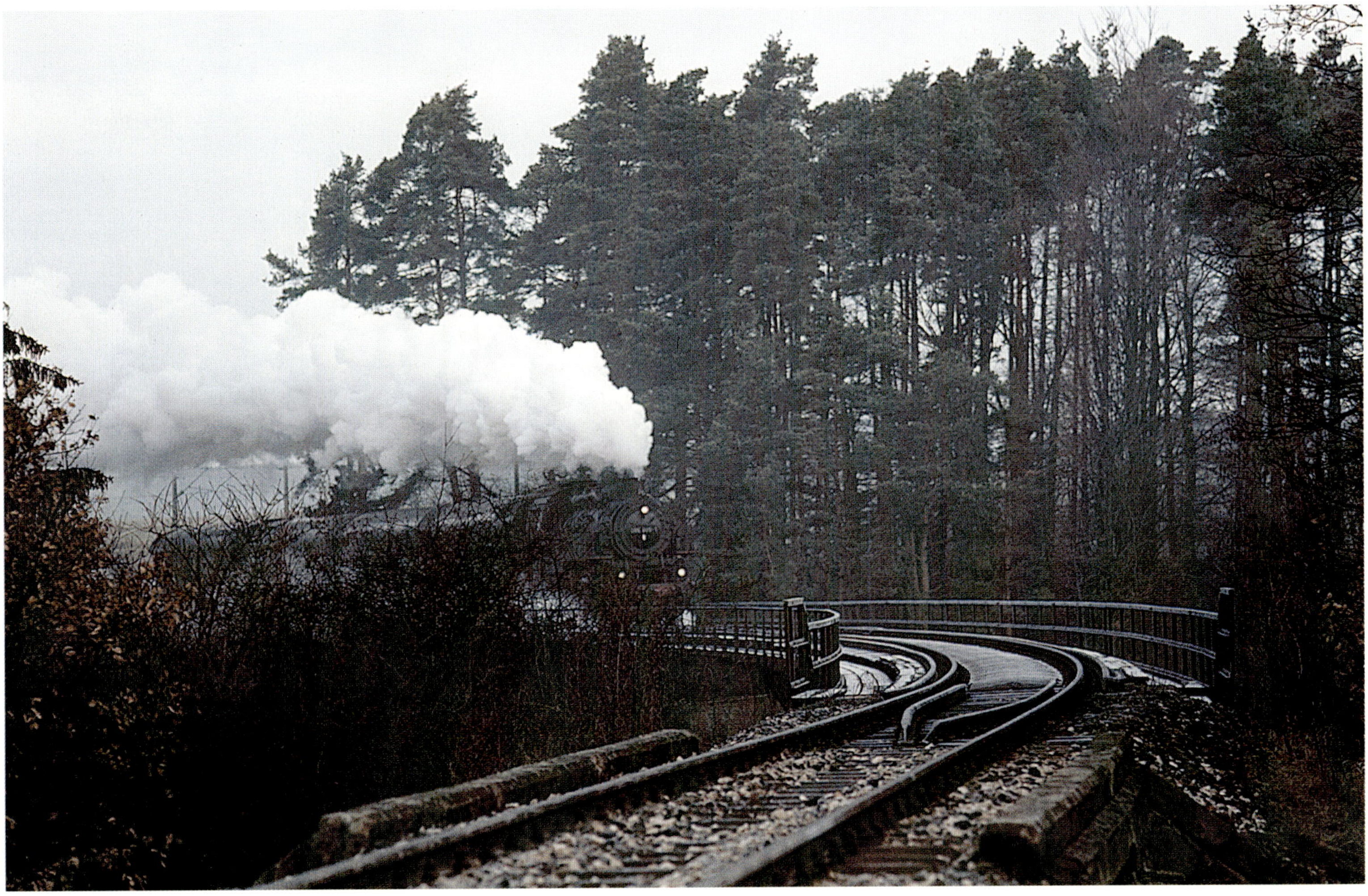

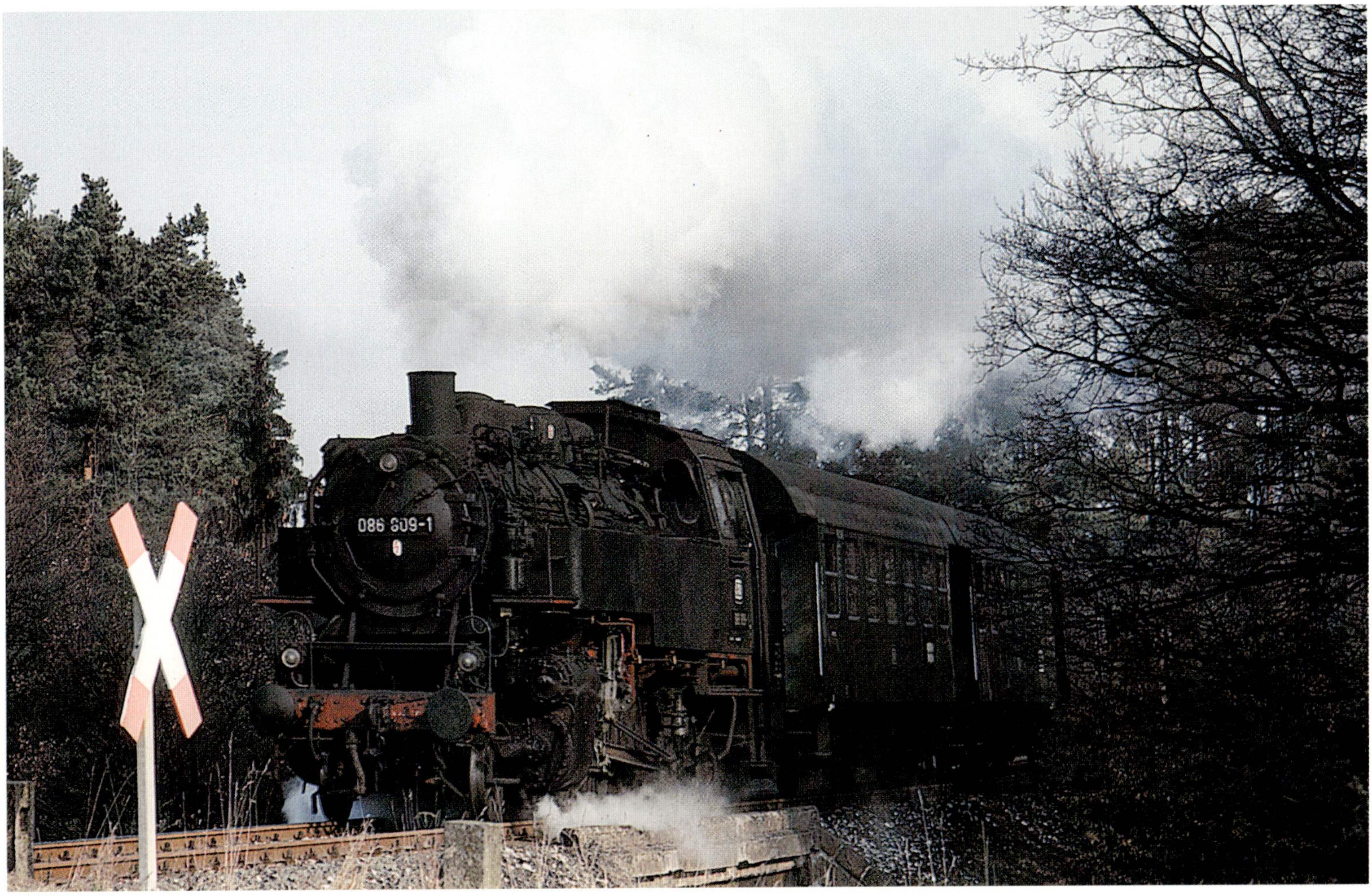
086 809-1

Bilddaten

172   DB 086 263-1 als ausgemusterte Lokomotive am 20.07.1972 im Bw Hof

173u DB 086 543-6 am 28.07.1971 im Bw Ehrang

174   DB 086 809-1 am 14.12.1971 Bf Allersberg

175o DB 086 809-1 am 14.12.1971 bei Burgthann

175u DB 086 809-1 am 14.12.1971 bei Burgthann

176o DB 086 809-1 am 14.12.1971 bei Seligenporten

176ul DB 086 809-1 am 14.12.1971 Lokbesatzung

177o DB 086 809-1 am 14.12 1971 Bf Burgthann

178o DB 89 314 am 24.04.1972 im Werkshof der Maschinenfabrik Esslingen

178ul DB 89 314 am 24.04.1972 im Werkshof der Maschinenfabrik Esslingen

179u DB 89 314 am 24.04.1972 im Werkshof der Maschinenfabrik Esslingen.

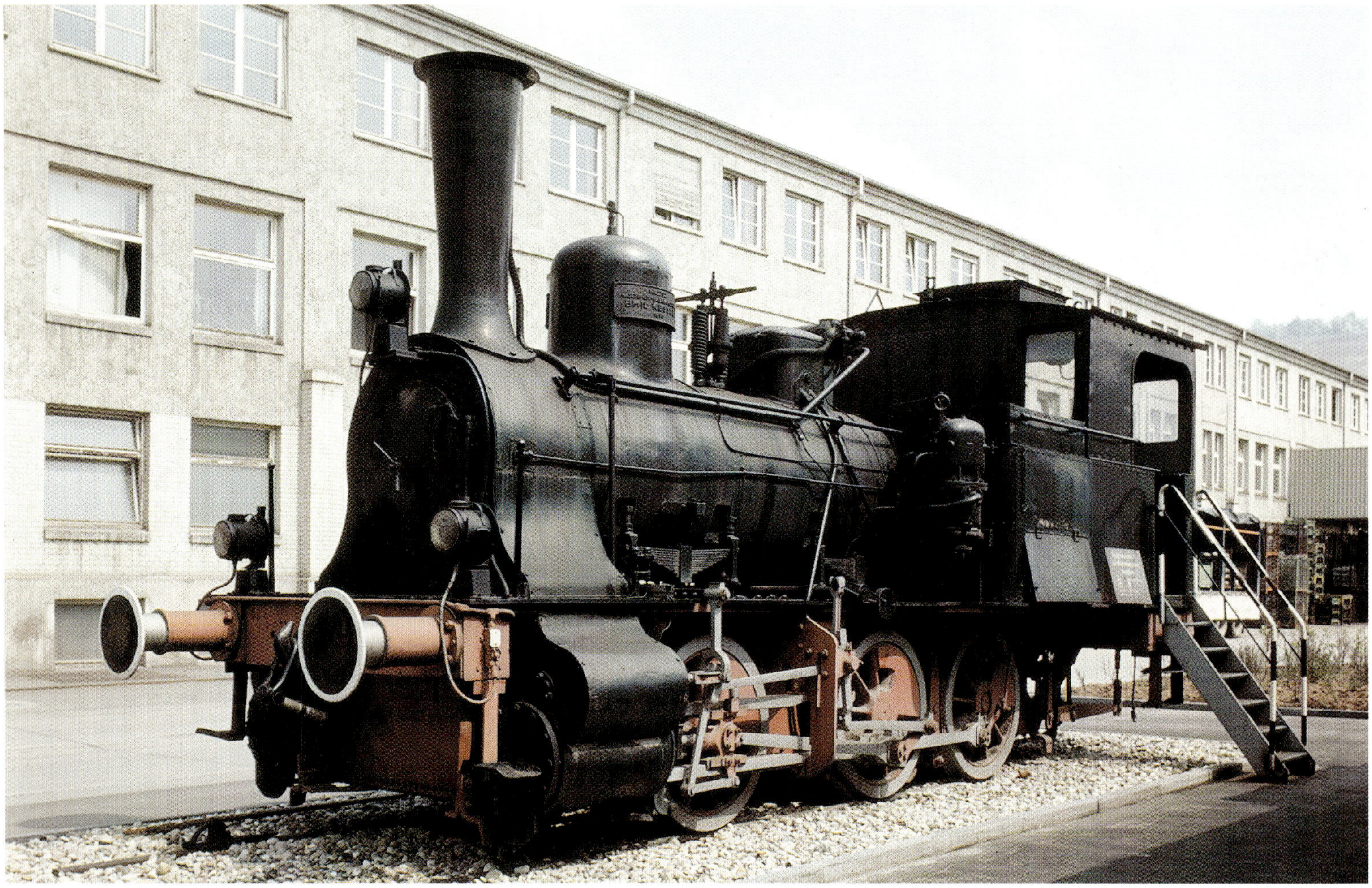

№ 2792
MASCHINEN-FABRIK ESSLINGEN
EMIL KESSLER
1896

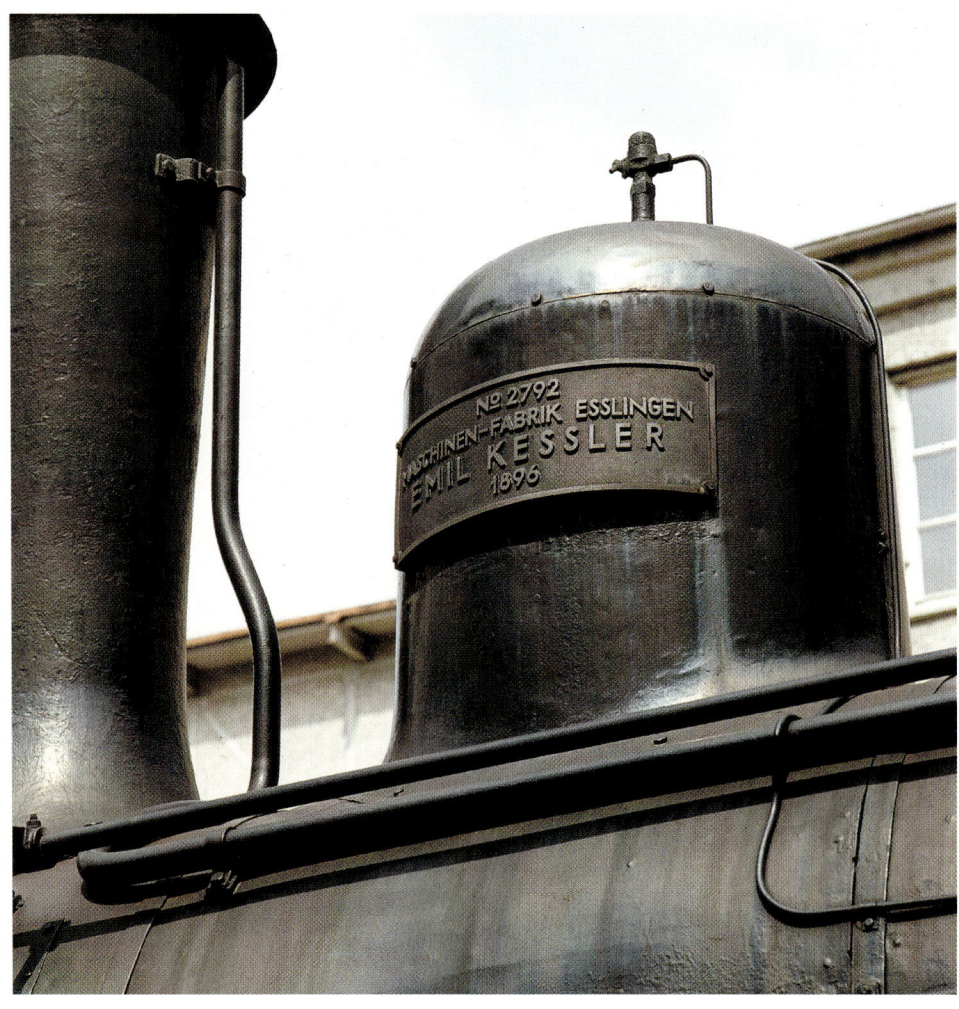

Württ. T3 DB 89³

Ende des 19. Jahrhunderts hatten sich C-gekuppelte Nassdampf-Tenderlokomotiven bei Kleinbahnen und für den Bahnhofsverschub bei fast allen Bahnverwaltungen der deutschen Länderbahnen durchgesetzt. Die als Baureihe T3 bezeichneten Maschinen waren trotz des aufreibenden Alltagseinsatzes vor oft zu schweren Zuglasten nahezu unverwüstlich und erreichten teilweise Einsatzzeiten von mehr als 50 Jahren.

Die württembergischen T3-Maschinen wurden alle von der DRG übernommen. Nach dem Krieg ging ihr Planeinsatz schon bald zu Ende. Mehr und mehr wanderten die immer noch einsatzfähigen, aber zu leistungsschwachen Lokomotiven in die Privatwirtschaft ab oder wurden noch als Werkslokomotiven bei Ausbesserungswerken verwendet.

Die Maschinenfabrik Esslingen stellte die von ihr erbaute 89 314 auf dem Werkshof auf.

Indienststellung: 1891-1913
Anzahl: 110
Hersteller: Krauss, Maschinenfabrik Esslingen, Maschinenfabrik Heilbronn

Achsanordnung: C n2t
Treibraddurchmesser: 1045 mm
Achsdruck: 10,0 Mp
Länge über Puffer: 8505 mm

Dienstgewicht: 29,7 Mp
Leistung: 300 PSi
Höchstgeschwindigkeit: 45 km/h

KPEV T3

Die T3 der Königlich Preußischen Staatsbahnen ist um die Wende zum 20. Jahrhundert die bis dahin in der größten Stückzahl produzierte Dampflokomotive der deutschen Eisenbahnen und ein Symbol für den damaligen technischen Fortschritt. Anders als bei ihrem württembergischen Pendant und den meisten späteren Lokomotiven, die mit einer Heusinger-Steuerung ausgerüstet waren, verwendete man bei der preußischen T3 eine Allansteuerung.

Die preußische T3 dominierte Anfang des letzten Jahrhunderts in den preußischen Gebieten alle Klein- und Nebenbahnen und war darüberhinaus auf allen größeren Bahnhöfen im Bahnhofsverschub eingesetzt. Wegen ihrer Unverwüstlichkeit ließ sie sich aus diesen Aufgaben durch die Einheitsloks nur sehr langsam verdrängen.

Die zahlreichen Maschinen, die auch noch die Nachkriegszeit erlebten, wurden bei beginnendem Einzug der V 60 Diesellokomotiven zu Privatfirmen, Bahnbetriebs- und Ausbesserungswerken abgedrängt. In den 60er Jahren beendete die Ausmusterung den Lebenslauf einer der gelungensten deutschen Lokomotiv-Konstruktionen, die oft über 60 Jahre lang das Bahnhofsbild geprägt hatte.

Indienststellung: 1891-1910
Anzahl: > 1550
Hersteller: Borsig, Freudenstein, Grafenstaden, Hagans, Hanomag, Henschel, Hohenzollern, Humboldt, Jung, Linke-Hofmann, Maschinenbaugesellschaft Karlsruhe, Orenstein & Koppel, Schichau, Schwartzkopff, Union, Vulkan

Achsanordnung: C n2t
Treibraddurchmesser: 1100 mm
Achsdruck: 12,0 Mp
Länge über Puffer: 8591 mm

Dienstgewicht: 35,9 Mp
Leistung: 290 PSi
Höchstgeschwindigkeit: 40 km/h

NIEDERMENDIG
(MARIA-LAACH)
89 7159
3173
Reisende mit Traglasten
4

89 7159
89 7159
3173
3173
173
4

Bilddaten

180   DB 89 7159 am 22.05.1975 im Bw G.-Bismarck.
Die von Oberlokführer Gerhard Moll und seinen
Helfern im Bw Erndtebrück in mühevoller Arbeit
glänzend rekonstruierte preußische T3 war Ende
der 70er Jahre Anziehungspunkt bei vielen
Dampflok-Abschiedsfesten.

181u   DB 89 7159 am 19.05.1975 bei Nieder-Mendig
182   DB 89 7159 am 19.05.1975 bei Nieder-Mendig
183   DB 89 7159 am 19.05.1975 in Nieder-Mendig
184o   DB 89 7159 am 19.05.1975 in Nieder-Mendig
184u   DB 89 7159 am 19.05.1975 in Nieder-Mendig
185o   DB 89 7159 am 19.05.1975 bei Nieder-Mendig
185ul   DB 89 7159 am 19.05.1975 in Nieder-Mendig
Emblem der KPEV-Lokomotiven

KPEV T13

DB 92⁵⁻¹⁰

Von 1910 bis 1922 ließ die KPEV noch einmal eine Nassdampflokomotive konstruieren und bei verschiedenen preußischen Lokomotivfabriken bauen, obwohl sich inzwischen das Heißdampfprinzip ihres Lokomotivkonstrukteurs Garbe schon durchgesetzt hatte. Der Grund war der geringere Aufwand bei der Unterhaltung solcher Maschinen in kleinen Nebenbahn-Betriebswerken.

Die robusten Maschinen erfüllten die in sie gesetzten Erwartungen zur vollen Zufriedenheit. Es waren typisch preußische Lokomotiven: leistungsstark, einfach zu bedienen, unverwüstlich und schmucklos.

1972 konnte die letzte, bis 1965 vom Bw Kassel eingesetzte Maschine als Denkmalslok auf einem Kinderspielplatz der Stadt Allendorf in leidlich gutem Zustand fotografiert werden.

Indienststellung: 1910-22
Anzahl: ca. 700
Hersteller: Grafenstaden, Hagans, Hanomag, Henschel, Hohenzollern, Union

Achsanordnung: D n2t
Treibraddurchmesser: 1250 mm
Achsdruck: 15,5 Mp
Länge über Puffer: 11 100 mm

Dienstgewicht: 59,9 Mp
Leistung: 500 PSi
Höchstgeschwindigkeit: 45 km/h

Letzte Einsätze: Nebenbahnen im Bereich des Bw Kassel

Württ. Tn

Für ihre Nebenbahnen im Bergland ließ die Württembergische Staatsbahn 1921 als letzte ihrer Lokomotivkonstruktionen eine E-gekuppelte Ten-
derlokomotive bei der Maschinenfabrik Esslingen
bauen.

Die ursprünglich ins Auge gefasste Aufgabe wurde von der DRG alsbald an andere, leistungsfähigere Baureihen vergeben und die DRG 94¹ in den
Verschub- und Rangierdienst auf den größeren
württembergischen Bahnhöfen abgedrängt.

Die Ausmusterung wurde bis zum Jahre 1961
abgeschlossen. Danach wurden einige Maschinen
an Privatfirmen verkauft und dort abgefahren.

Die letzte württembergische Tn-Lok gelangte
schließlich zur EBV in die Zeche Baesweiler.

Indienststellung: 1921-22
Anzahl: 30
Hersteller: Maschinenfabrik Esslingen

Achsanordnung: E h2t
Treibraddurchmesser: 1150 mm
Achsdruck: 13,0 Mp
Länge über Puffer: 11 030 mm

Dienstgewicht: 64,5 Mp
Leistung: 770 PSi
Höchstgeschwindigkeit: 50 km/h

Letzte Einsätze: Als Werklokomotive Carl-Alexander Nr. 3 in der Zeche in Baesweiler

KPEV T16¹

DB 094

Für den schweren Verschubdienst und für die Führung von leichten Güter- und Personenzügen auf ehemaligen Zahnradstrecken (dafür teilweise mit Riggenbach-Gegendruckbremsen ausgestattet) beschaffte die KPEV mit Beginn des Ersten Weltkrieges eine E-gekuppelte Heißdampf-Tenderlokomotive. Sie wurde zu einem echten Arbeitspferd auf vielen Güterbahnhöfen.

Nach dem zweiten Weltkrieg ging ihr Aufgabengebiet mit fortschreitender Verdieselung zügig zurück, bis schließlich Anfang der 70er Jahre die Ausmusterung abgeschlossen war.

Indienststellung: 1914-24
Anzahl: 1250
Hersteller: Grafenstaden, Hanomag, Henschel, Linke-Hofmann, Schwartzkopff,

Achsanordnung: E h2t
Treibraddurchmesser: 1350 mm
Achsdruck: 17,2 Mp
Länge über Puffer: 12 660 mm
Dienstgewicht: 84,9 Mp
Leistung: 1070 PSi
Höchstgeschwindigkeit: 60 km/h

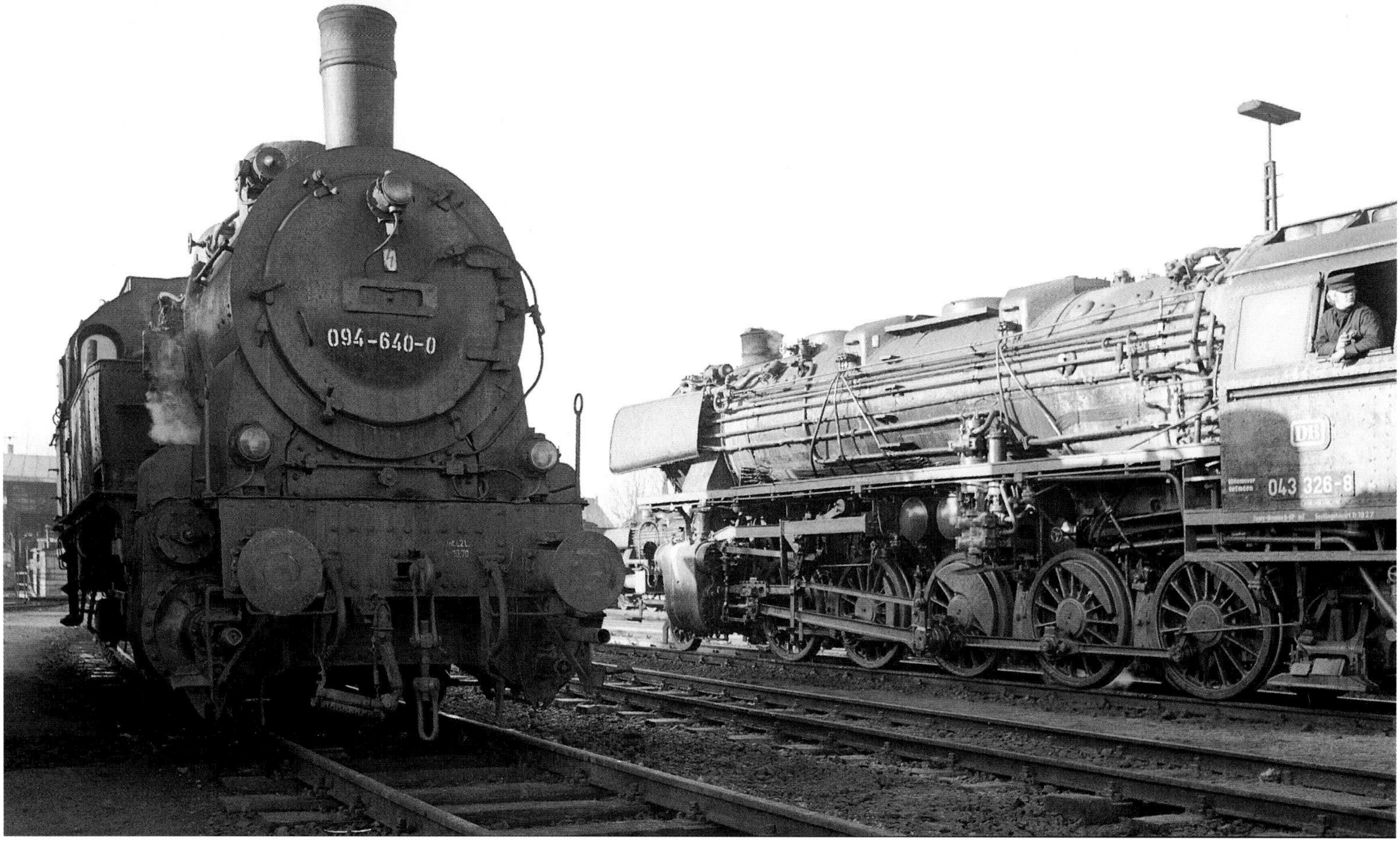
094-640-0
DB
043 326-8

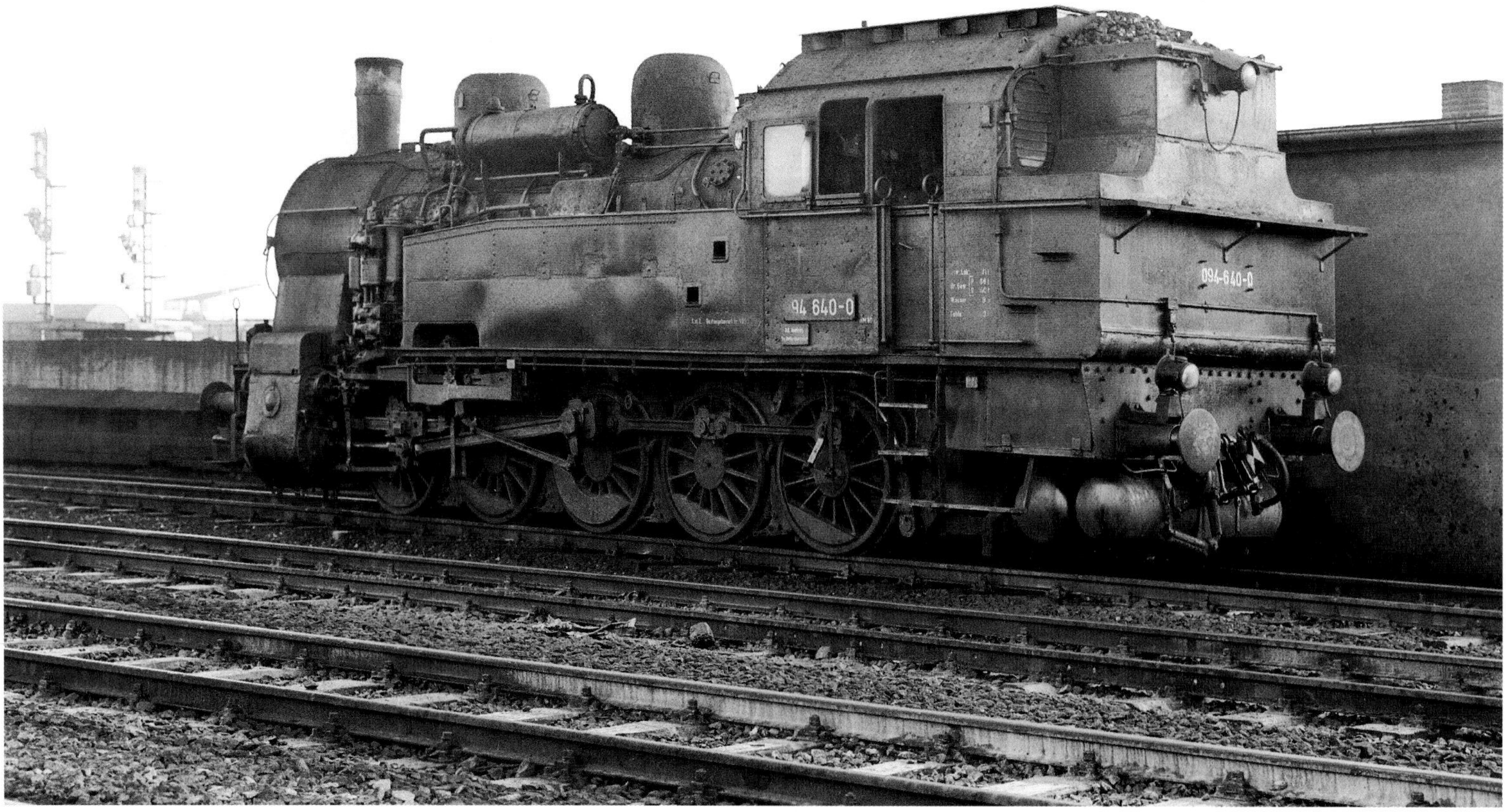
94 640-0
094-640-0

094730-9

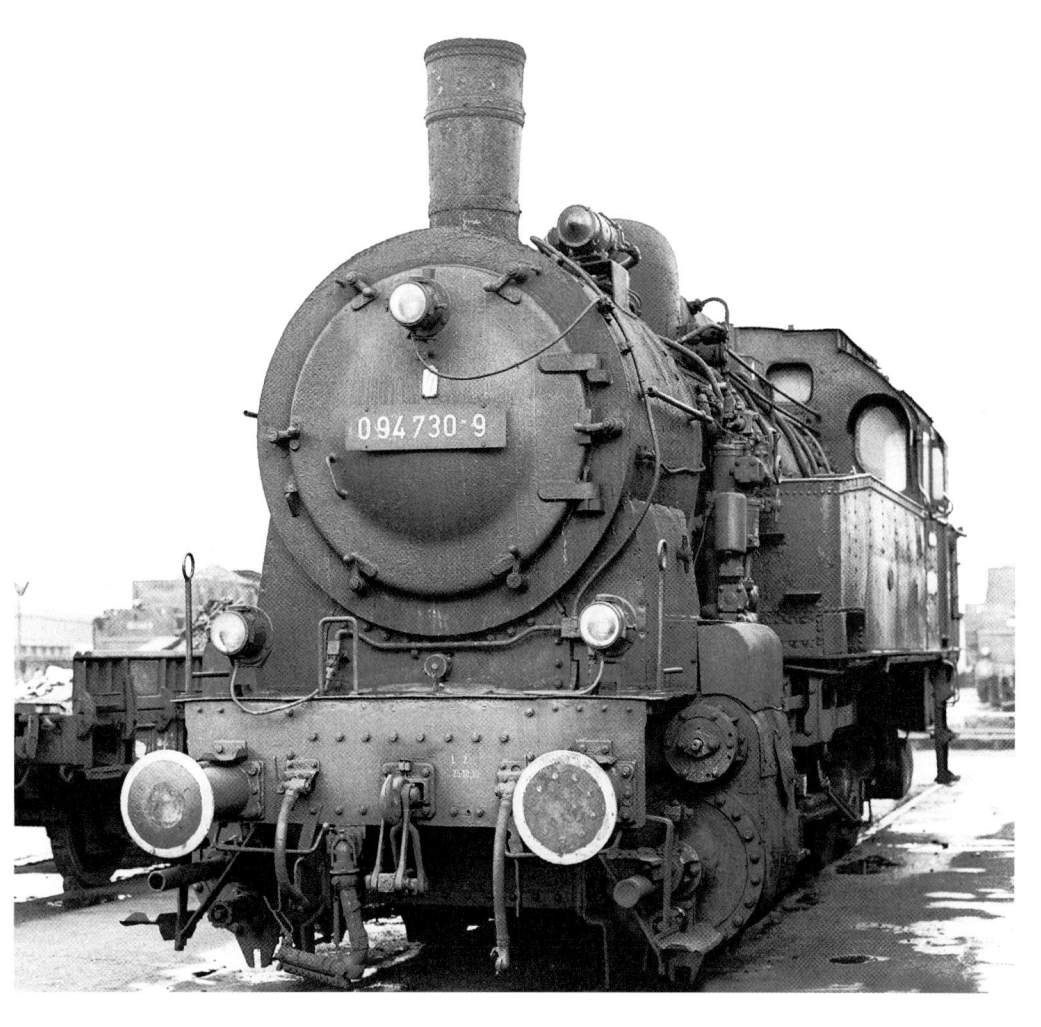

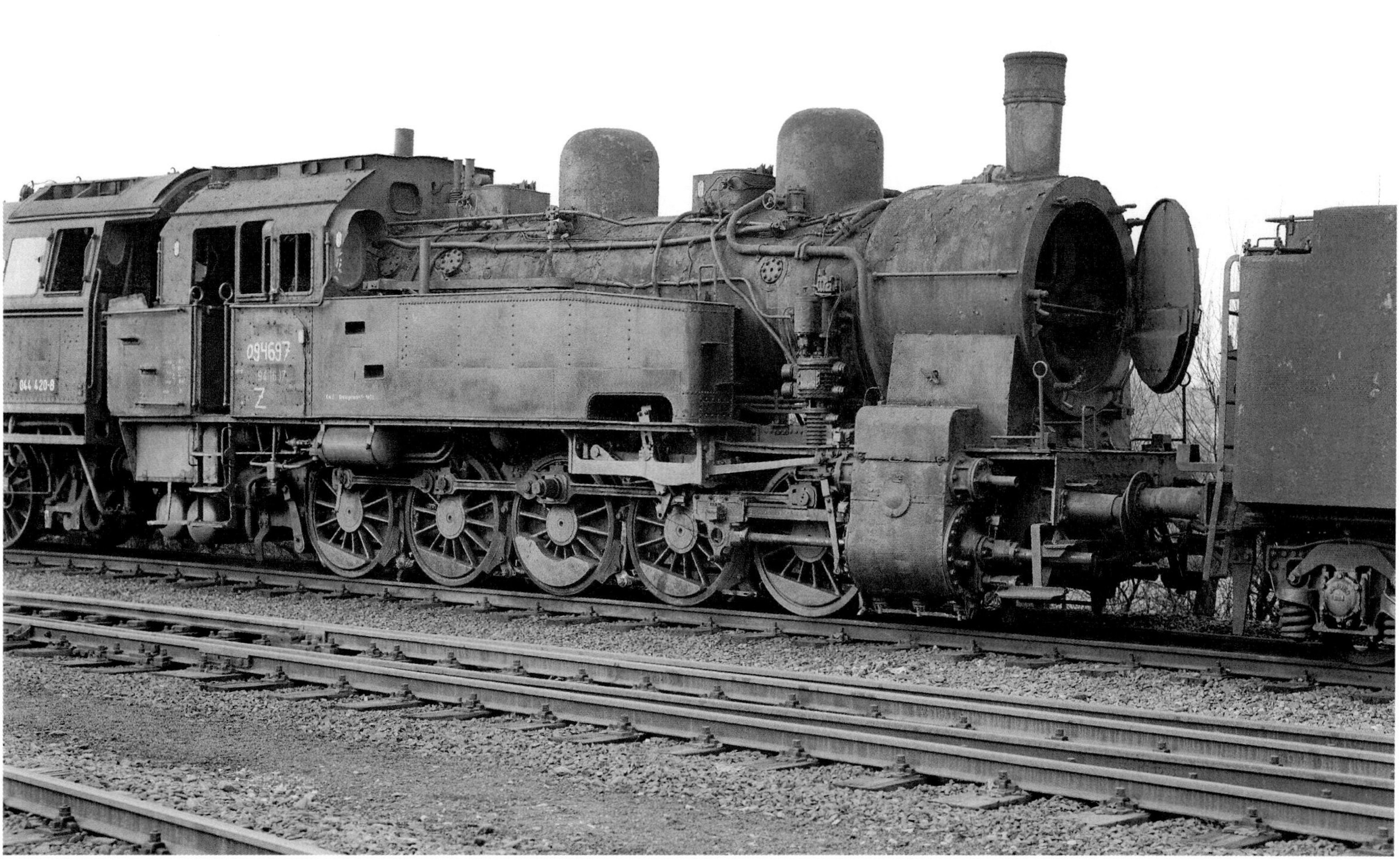
094697
Z
044 420-8

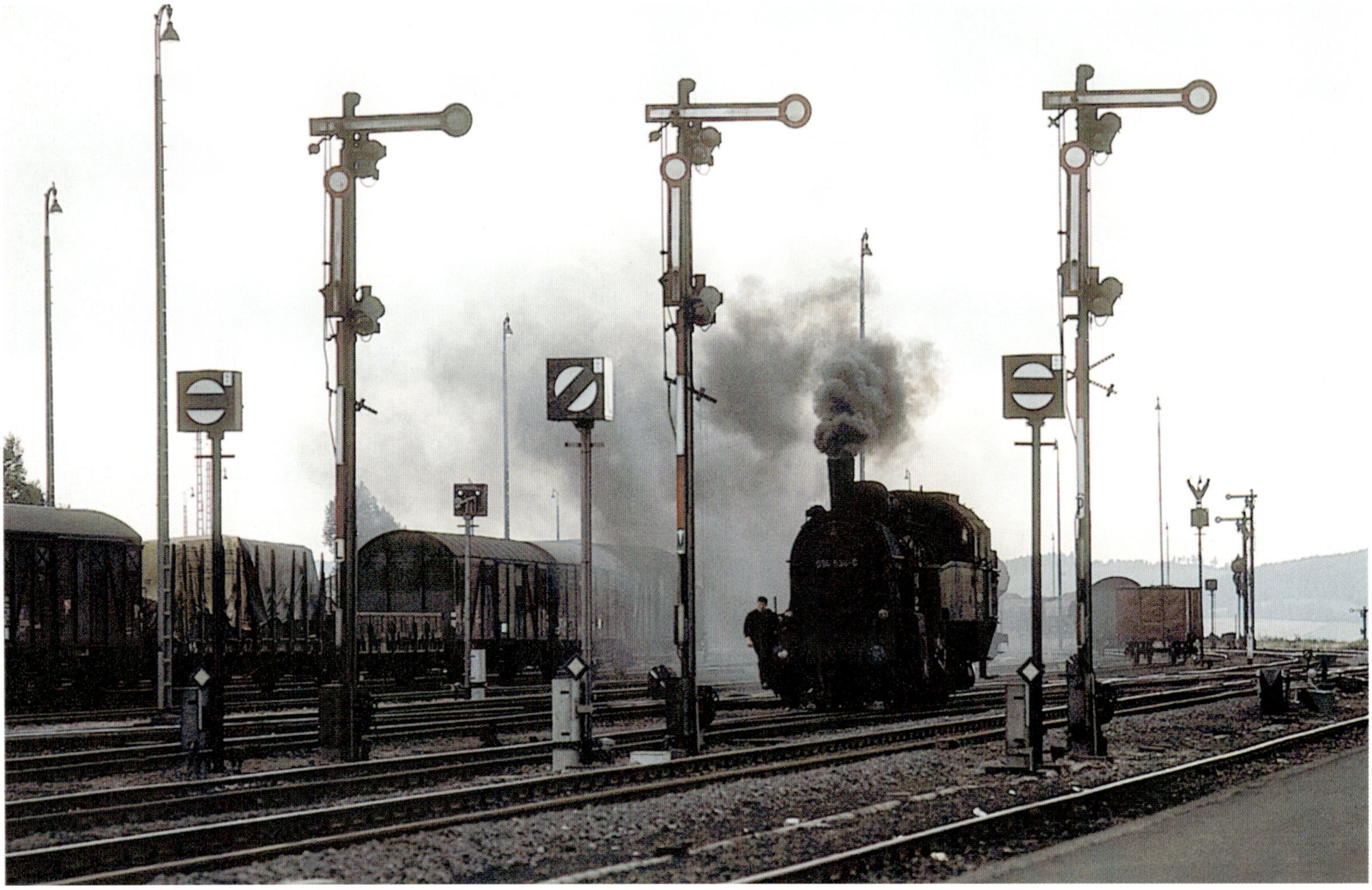

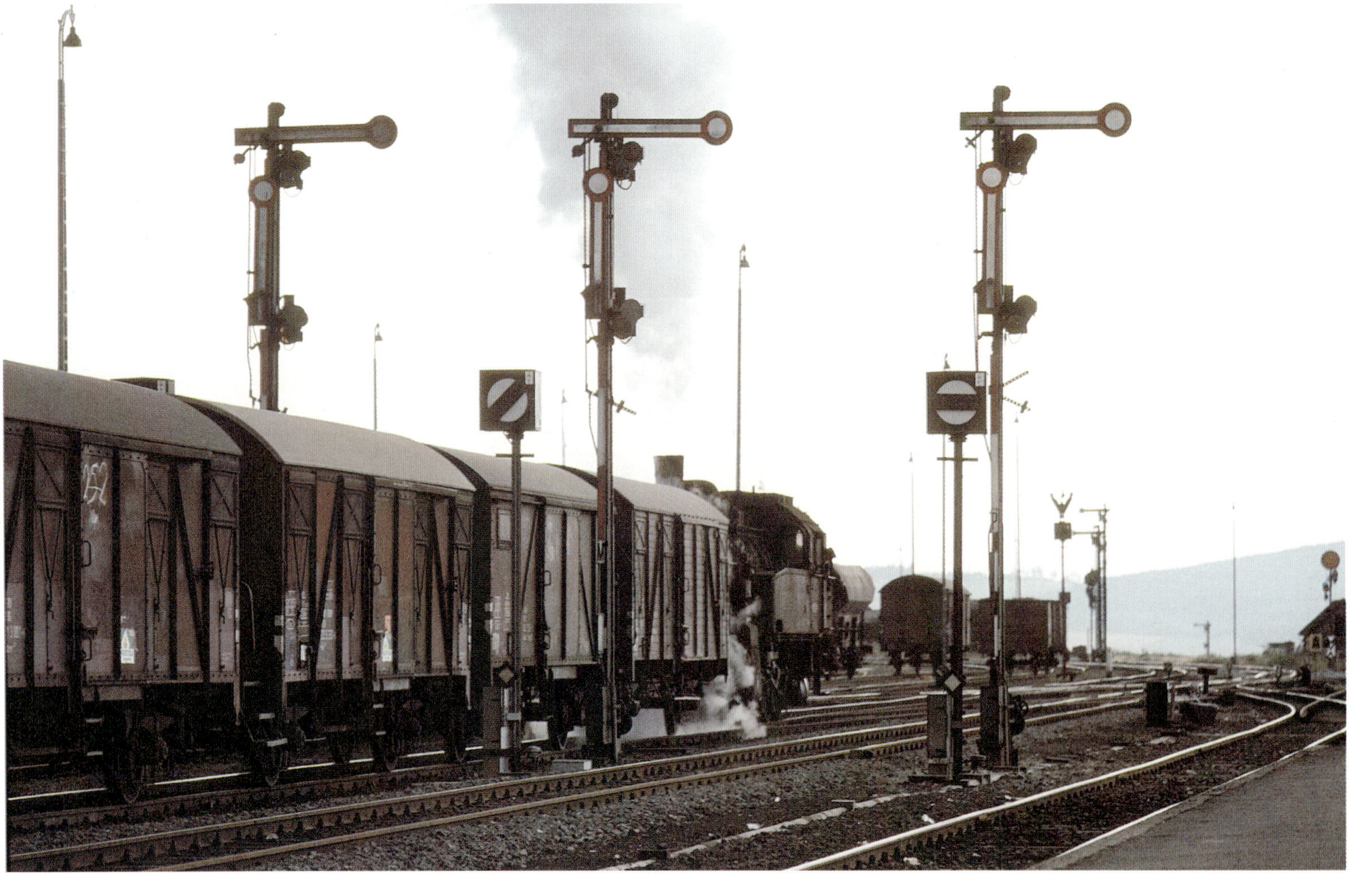

Bilddaten

186 DB 92 739 am 27.04.1972 in Stadt Allendorf

187u DB 92 739 am 27.04.1972 in Stadt Allendorf

188 Carl-Alexander Nr. 3 der EBV-Zeche in Baesweiler am 01.02.1974

189u Carl-Alexander Nr. 3 der EBV-Zeche in Baesweiler am 01.02.1974

190 RAG D 794 (ex DRG 94 1219) am 05.04.1972 vor der Zeche Werne

191ol, RAG D 791 (ex DRG 94 1283) am 27.12.1974 bei
191u der Zeche Werne

192 DB 094 184-9 am 27.07.1971 im Bw Koblenz-Mosel

193u DB 094 536-0 am 17.07.1971 im letzten Rest des ehemals bedeutenden Bw Seesen

194o DB 094 640-0 am 01.11.1974 im Bw Emden

194u DB 094 640-0 am 01.11.1974 im Bw Emden

195or DB 094 730-9 am 27.12.1974 im Bw Hamm

195u DB 094 697-0 am 02.02.1974 im Bw G.-Bismarck

196o DB 094 536-0 am 17.07.1971 beim Rangieren im Gbf Seesen, ein ganz typisches Bild für den schweren Verschub auf den großen Güterbahnhöfen in der Mitte des vergangenen Jahrhunderts

196u DB 094 536-0 am 17.07.1971 beim Rangieren im Gbf Seesen

197o DB 094 536-0 am 17.07.1971 nach dem Kohle- und Wasserfassen im Bw Seesen

KPEV T20   DR 95

Für die Umstellung der mit Zahnstangen ausgerüsteten Steilstrecken des Thüringer Waldes auf reinen Adhäsionsbetrieb, bestellte die KPEV eine 1'E1'-Tenderlokomotive, die ab 1922 zum Einsatz kam und für damalige Verhältnisse gewaltige Ausmaße besaß.

Die starke Maschine übernahm alsbald auch den Schubdienst auf der Geislinger Steige, über den Spessart und über die *Schiefe Ebene* .

Nach dem Krieg musterte die DB ihre Lokomotiven bis 1958 aus. Bei der DR konnte man auf sie noch lange nicht verzichten und rüstete deshalb 22 Maschinen zwischen 1966 und 1968 auf Ölhauptfeuerung um, die erst Anfang der 80er Jahre ausgemustert wurden.

Bis zuletzt konnten diese imponierenden Maschinen im Raum Saalfeld vor Personen- und Güterzügen beobachtet werden.

Indienststellung: 1922-24
Anzahl: 45
Hersteller: Borsig

Achsanordnung: 1'E1' h2t
Treibraddurchmesser: 1400 mm
Laufräder: 850 mm
Achsdruck: 19,5 Mp
Länge über Puffer: 15 100 mm

Dienstgewicht: 127,4 Mp
Leistung: 1620 PSi
Höchstgeschwindigkeit: 65 km/h

Letzte Einsätze: Vom Bw Probstzella aus auf den Bergstrecken des Thüringer Waldes

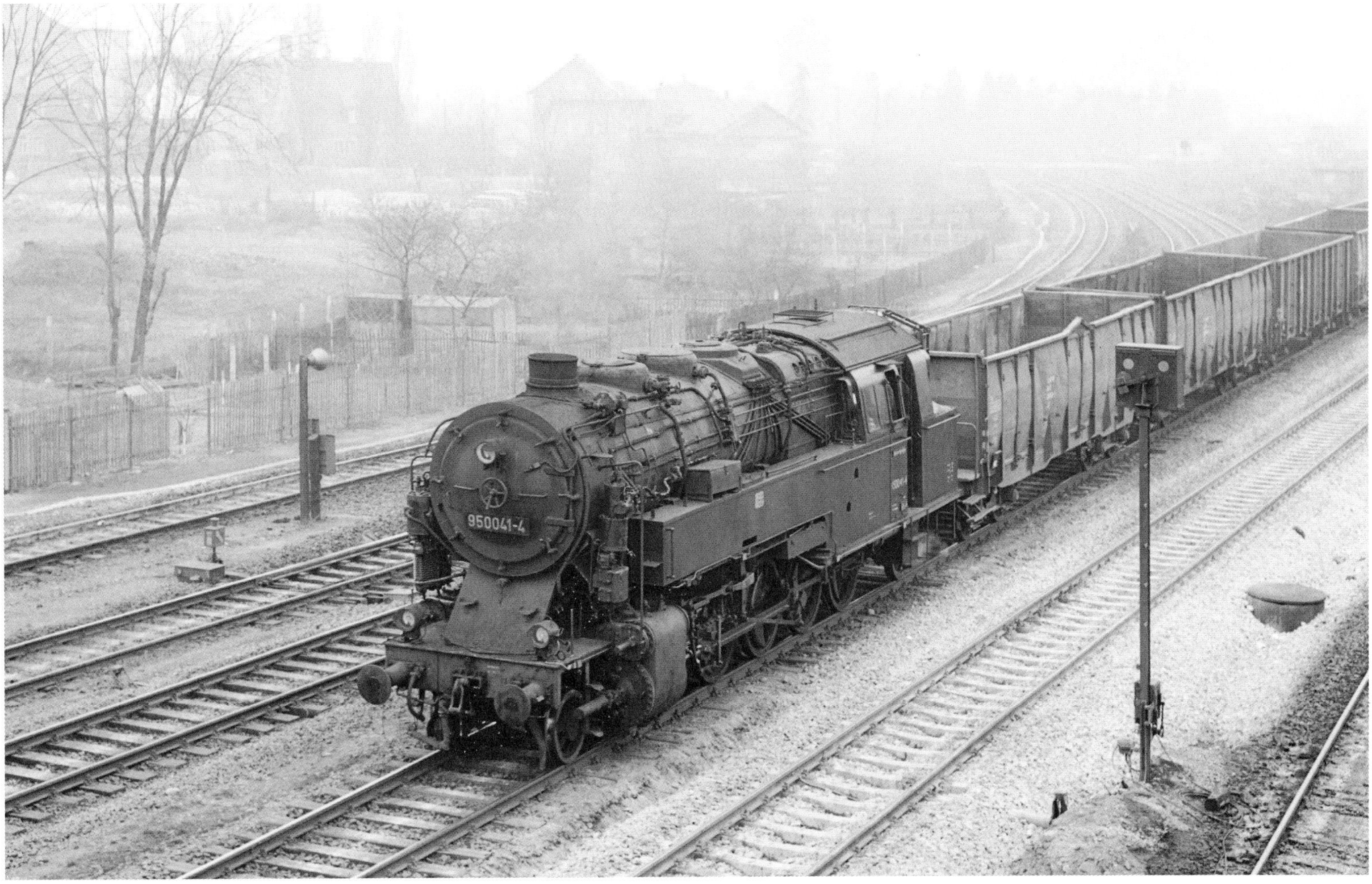

Bilddaten

198 DR 95 0041-4 am 15.03.1976 Bf Saalfeld
199u DR 95 0028-1 am 03.10.1985 bei der Jubiläumsausstellung der DB im Bw Bochum-Dahlhausen
200 DR 95 0043-0 am 15.03.1976 bei Saalfeld
201 DR 95 0041-4 am 15.03.1976 Bf Saalfeld
202 DR 95 0041-4 am 15.03.1976 Bf Saalfeld
203o DR 95 0041-4 am 15.03.1976 Bf Saalfeld
203ur DR 95 0041-4 am 15.03.1976 Bf Saalfeld
204 DB 97 502 am 24.04.1972 im Werkhof der Maschinenfabrik Esslingen
205u DB 97 502 am 24.04.1972 im Werkhof der Maschinenfabrik Esslingen

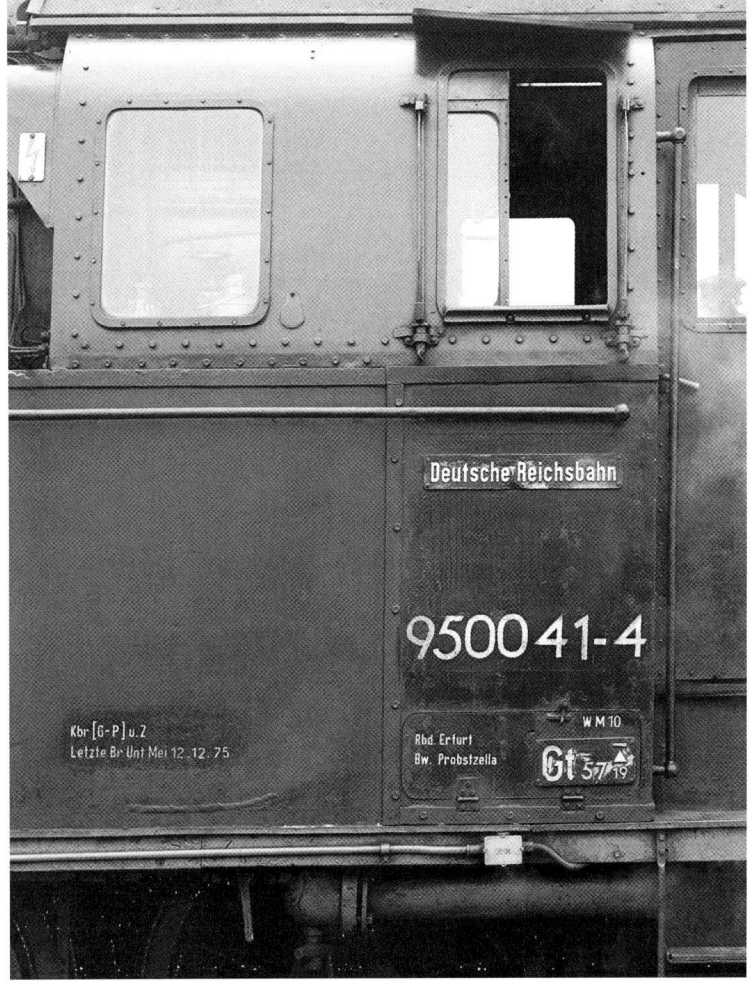

Württ. Hz DB 97^5

Die Württembergische Staatsbahn ließ 1923 bei der Maschinenfabrik Esslingen für die Zahnradstrecke von Honau nach Lichtenstein eine verbesserte Zahnradlokomotive bauen, um die inzwischen den Anforderungen kaum noch gewachsene Baureihe Fz abzulösen.

Die Baureihe 97^5, wie diese Lokomotiven bei der DRG eingereiht wurden, entwickelte sich zur stärksten deutschen Zahnrad-Dampflokomotive, wenn man einmal von der 1'F1' h4zzt der ÖBB-Baureihe 298 absieht, die zu ihrer Zeit als DRG 97^3 gekennzeichnet wurde.

Die Lokomotiven der BR 97^5 blieben immer auf ihrer Stammstrecke. Ihre Ausmusterung konnte erst erfolgen, als 1961 ihre Aufgaben von Schienenbussen der BR 797 mit Zahnradantrieb übernommen werden konnten.

Die hier abgebildete Lokomotive stand 1972 noch im Werkhof der Maschinenfabrik Esslingen.

Indienststellung: 1923-25
Anzahl: 4
Hersteller: Maschinenfabrik Esslingen

Achsanordnung: E h4zzt
Treibraddurchmesser: 1150 mm
Länge über Puffer: 11 870 mm
Achsdruck: 15,0 Mp

Dienstgewicht: 74,9 Mp
Leistung: 850 PSi
Höchstgeschwindigkeit: 50 km/h, auf der Zahnradstrecke 10 km/h

98307

Bayer. PtL 2/2

DB 98³

Schon Anfang des 20.Jahrhunderts gab es halbautomatische Dampflokomotiven mit Schüttfeuerung für Einmannbetrieb. Sie hatten darüberhinaus ein recht ungewöhnliches Aussehen, das vom Publikum *Glaskasten* getauft wurde, und sie waren natürlich bayerisch.

Der Eisenbahnbetrieb in Bayern war – bedingt durch das weitläufige Land – durch sehr viele, weitverzweigte Lokalbahnen mit teilweise nur geringem Fahrgast- und Güteraufkommen gekennzeichnet. Für diese Strecken konstruierte die Lokomotivfirma Krauss dieses Unikum von Dampflokomotive in zwei Ausführungsformen mit und ohne Blindwelle. Die Maschinen fanden bei den Fahrgästen großen Anklang und prägten jahrzehntelang das Bild der Eisenbahn in den ländlichen Regionen.

Die Ausmusterung begann in den 50er Jahren und wurde 1963 abgeschlossen.

Indienststellung: 1905-14
Anzahl: 48
Hersteller: Krauss

Achsanordnung: B h2t
Treibraddurchmesser: 1006 mm
Achsdruck: 11,5 Mp
Länge über Puffer: 6984 mm
Dienstgewicht: 22,7 Mp
Leistung: 210 PSi
Höchstgeschwindigkeit: 50 km/h

Letzte Einsätze: Die hier abgebildete Maschine erlebte ihre letzten Einsätze bis 1963 auf der Strecke Spalt-Georgensgemünd und wurde deshalb vom Publikum *Spalter Bockerl* getauft. Zur Zeit der Aufnahmen wurde sie für das Verkehrsmuseum Nürnberg im Aw Nürnberg Rbf aufbewahrt.

Bayer. D XI

DB 98⁵

Diese Baureihe war die meistgebaute Lokalbahn-lokomotive aller Länderbahnen. 50 Jahre lang fanden sich diese kleinen aber leistungsfähigen Maschinen praktisch auf jedem Bahnhof der bayerischen Sekundärbahnen.

Erst die in den 50er Jahren eingesetzten Schienenbusse beendeten die Zeit der gemütlichen Dampfzüge mit ihren kleinen Tenderlokomotiven. Sie waren für viele Menschen der Inbegriff der alten *Bimmelbahn*.

Der letzte Vertreter dieser Lokalbahn-Baureihe wurde 1960 im Bw Nürnberg Rbf ausgemustert und 1968 in Ingolstadt als Denkmal aufgestellt.

Indienststellung: 1895-1912
Anzahl: 142
Hersteller: Krauss, Maffei

Achsanordnung: C1' n2t
Treibraddurchmesser: 1006 mm
Laufräder: 800 mm
Achsdruck: 10,9 Mp
Länge über Puffer: 9260 mm

Dienstgewicht: 40,2 Mp
Leistung: 320 PSi
Höchstgeschwindigkeit: 45 km/h

Bayer. BB II

DRG 98⁷

Für die bayerischen Lokalbahnstrecken mit kleinem Kurvenradius entwickelte die Lokomotivfirma Maffei eine Lokomotive der Bauart Mallet, die ab 1899 von den Bahnbetriebswerken Hof, Ludwigshafen, Passau, Plattling, Schweinfurt, Weiden und Würzburg aus zum Einsatz kam.

Zwar übernahm die DRG noch alle Maschinen, aber wegen der nicht gerade berauschenden Laufeigenschaften wurden sie schon bald aus dem Streckendienst entlassen. Einige Maschinen wurden Werkslokomotiven bei verschiedenen Firmen. Auf diese Weise überlebte die 98 727 den Krieg und die Nachkriegszeit bei der Zuckerfabrik in Regensburg in fahrbereitem Zustand.

Als einsatzfähige Museumslokomotive erstand sie in ursprünglichem Zustand wieder und wurde bei vielen Gelegenheiten vor Sonderzügen und bei Abschiedsveranstaltungen den staunenden Eisenbahnfreunden vorgestellt.

Indienststellung: 1899-1903
Anzahl: 31
Hersteller: Maffei

Achsanordnung: B'B n4vt
Treibraddurchmesser: 1006 mm
Achsdruck: 10,7 Mp
Länge über Puffer: 10 010 mm

Dienstgewicht: 42,6 Mp
Leistung: 380 PSi
Höchstgeschwindigkeit: 45 km/h

Letzte Einsätze: Ab 1940 als Verschublok in der Zuckerfabrik in Regensburg. Anfang der 70er Jahre gelangte diese Maschine in das Eisenbahnmuseum Darmstadt-Kranichstein und wurde bei allen Dampflok-Abschiedsfesten präsentiert.

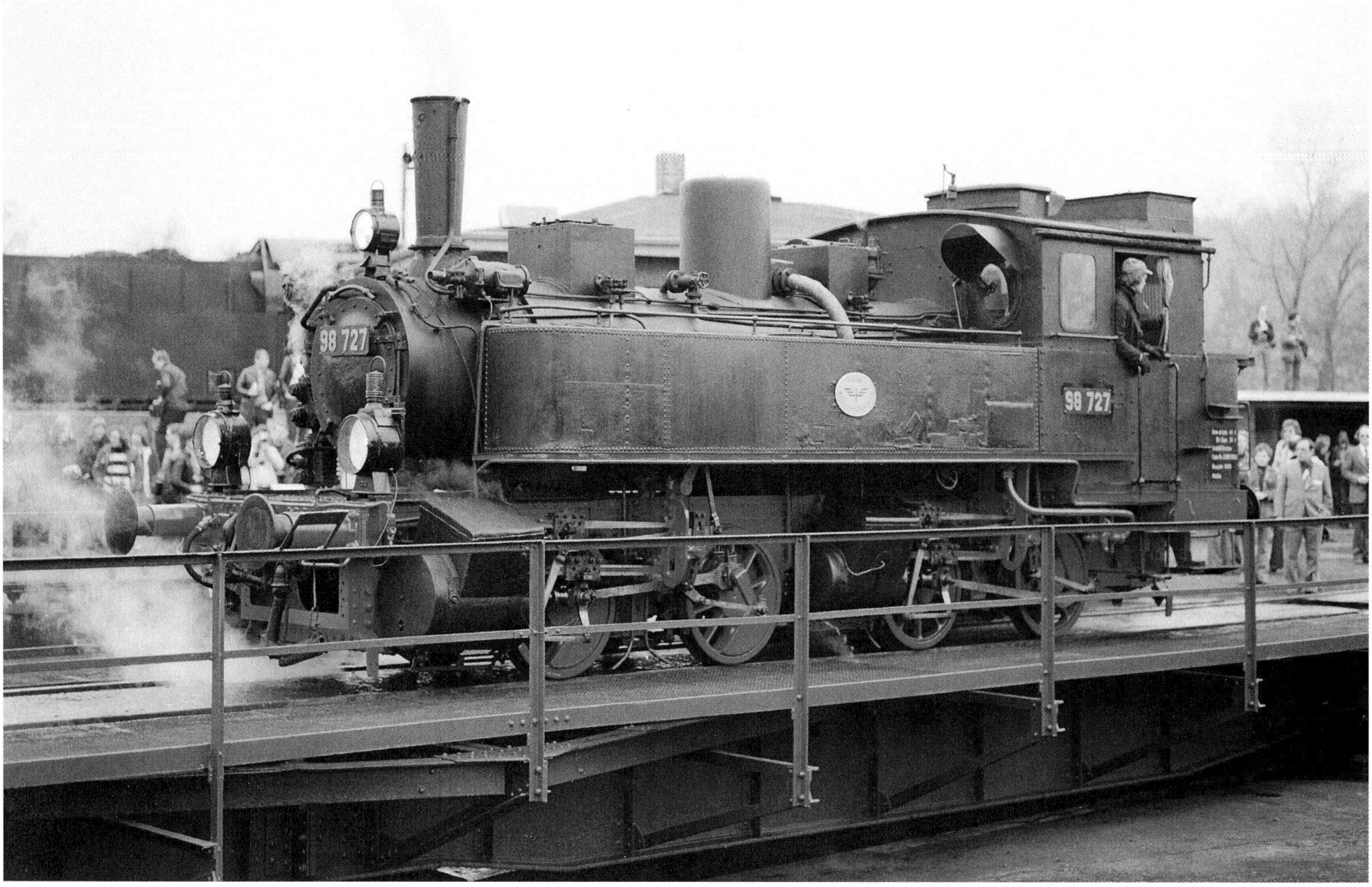
98 727
98 727

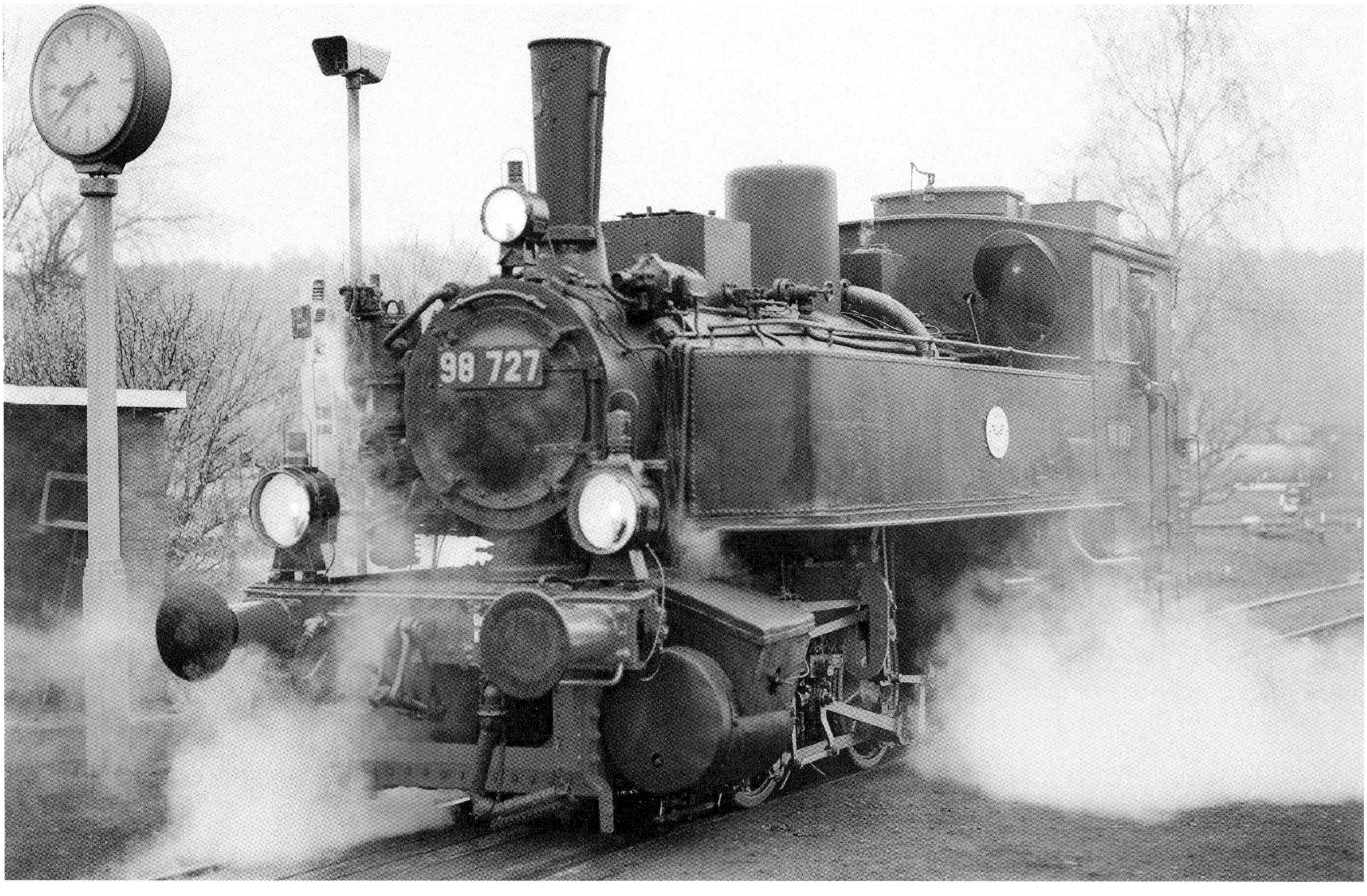
98 727

Bilddaten

206o DB 98 307 am 06.10.1971 im Bw Nürnberg Rbf
      Der berühmte bayerische Glaskasten wurde hier
      für das Verkehrsmuseum hinterstellt.
206u DB 98 307 am 06.10.1971 im Bw Nürnberg Rbf
207u DB 98 307 am 06.10.1971 im Bw Nürnberg Rbf
208   DB 98 507 am 21.03.1972 vor dem Bf Ingolstadt
209u DB 98 507 am 21.03.1972 vor dem Bf Ingolstadt
210   DB 98 727 am 04.04.1976 im Bw Stolberg anlässlich
      des Dampflokabschieds der DB Direktion Köln
211u DB 98 727 am 04.04.1976 im Bw Stolberg
212o DB 98 727 am 04.04.1976 im Bw Stolberg
212u DB 98 727 am 04.04.1976 im Bw Stolberg
213   DB 98 727 und 89 7159 vor Sonderzug bei
      Stolberg
213ur DB 98 727 am 07.09.1985 bei Nürnberg-Langwas-
      ser im Gefolge der Jubiläumskavalkade der DB
214   DR 99 1584-4 am 16.03.1976 im Bw Mügeln
215u DR 99 1584-4 am 16.03.1976 im Bw Mügeln
216o DR 99 1584-4 am 16.03.1976 im Bw Mügeln
216u DR 99 1574-5 am 16.03.1976 im Bw Mügeln
217o DR 99 1542-2 am 16.03.1976 im Bw Mügeln
217u DR 99 1542-2 und 99 1574-5 am 16.03.1976 im Bw
      Mügeln
218 und 219 DR 99 1574-5 mit Güterzug und Rollbock-
      wagen bei der Ausfahrt aus Mügeln am 16.03.1976

Sächs. IV K

Für die wirtschaftliche Erschließung des sächsischen Mittelgebirgslandes wurden von den Sächsischen Staatsbahnen zwischen 1881 und 1921 30 Schmalspurstrecken mit über 500 km Streckenlänge gebaut.

Wegen der schwierigen Geländeverhältnisse mussten für dieses Streckennetz leistungsstarke und gleichzeitig wegen der erforderlichen engen Krümmungsradien sehr wendige Lokomotiven konstruiert werden. Die Firma Hartmann und Söhne löste diese Aufgabe souverän durch den Bau von Lokomotiven mit Triebdrehgestellen Bauart *Günther Meyer*, wie sie auf dem unteren Bild gut zu erkennen sind. Die kleinen Maschinen bewährten sich außerordentlich gut, sodass von der DR noch 25 Stück ab 1962 rekonstruiert wurden. Die Ausmusterung erfolgte in den 80er Jahren.

Indienststellung: 1892-1921
Anzahl: 96
Hersteller: Hartmann

Achsanordnung: B'B' n4vt
Treibraddurchmesser: 760 mm
Achsdruck: 12 Mp
Länge über Puffer: 9000 mm
Antrieb: Günther-Meyer-Triebdrehgestelle

Dienstgewicht: 27,4-29,6 Mp
Spurweite: 750 mm
Höchstgeschwindigkeit: 30 km/h

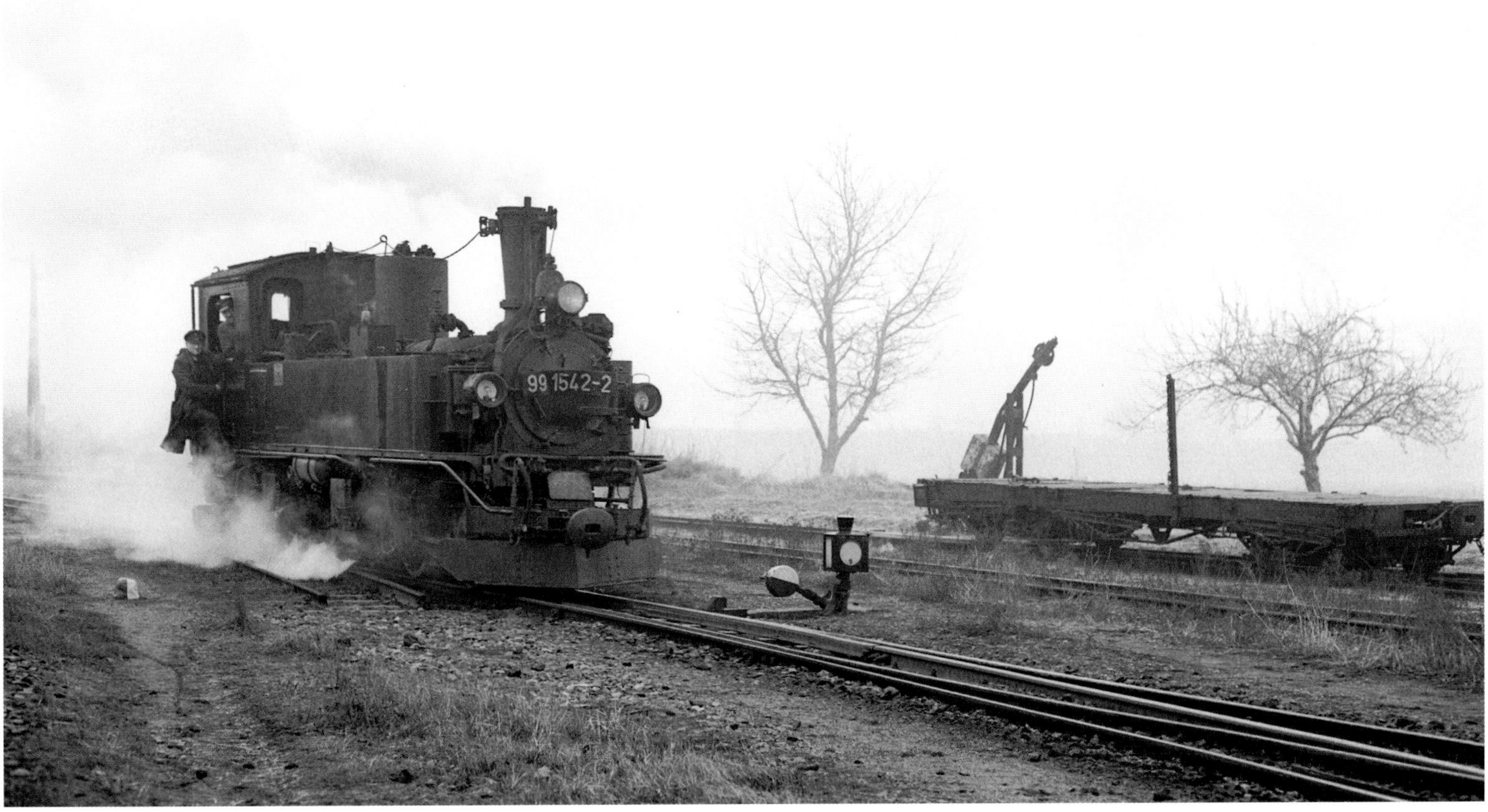
99 1542-2

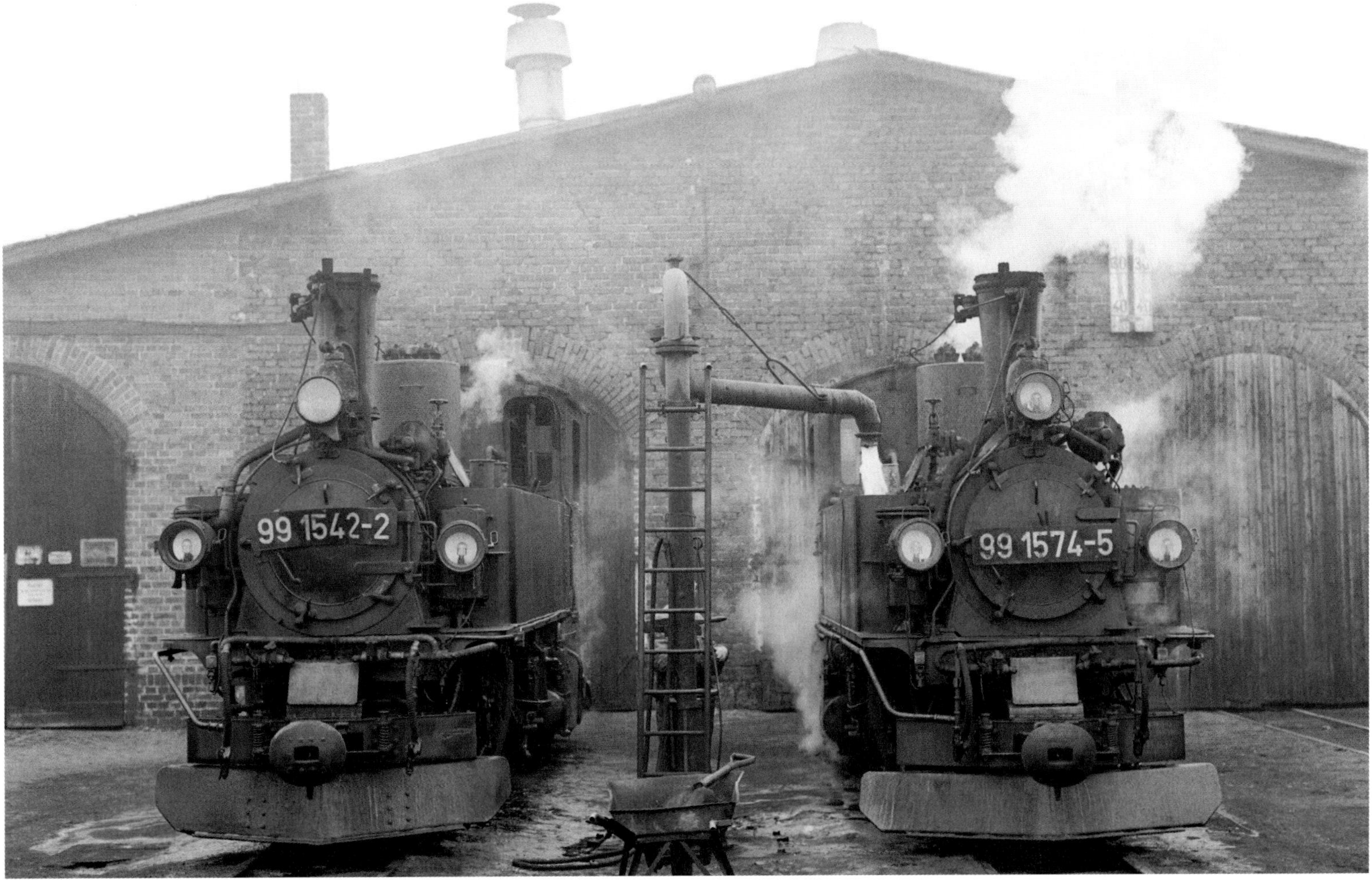
99 1542-2
99 1574-5

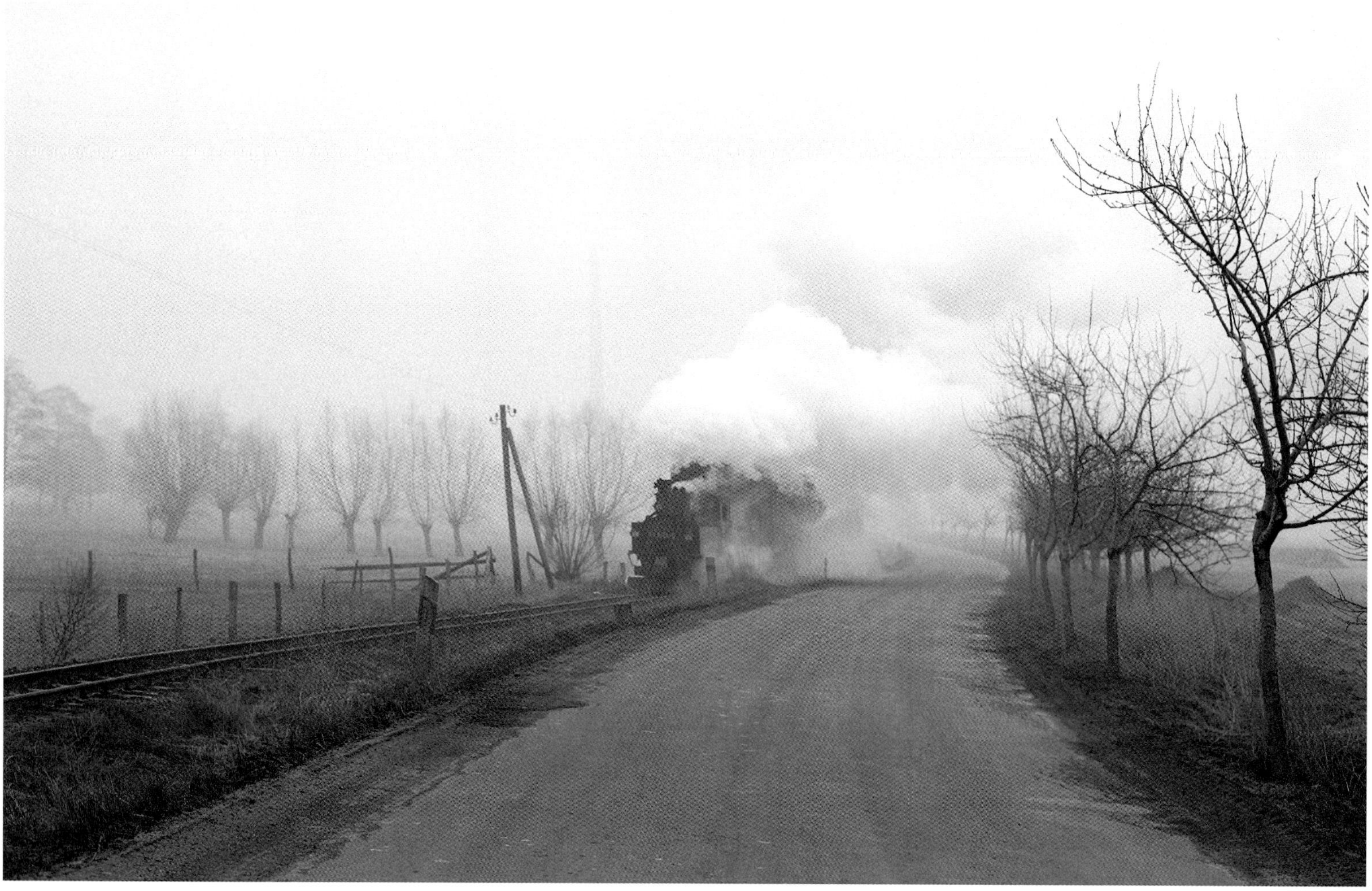

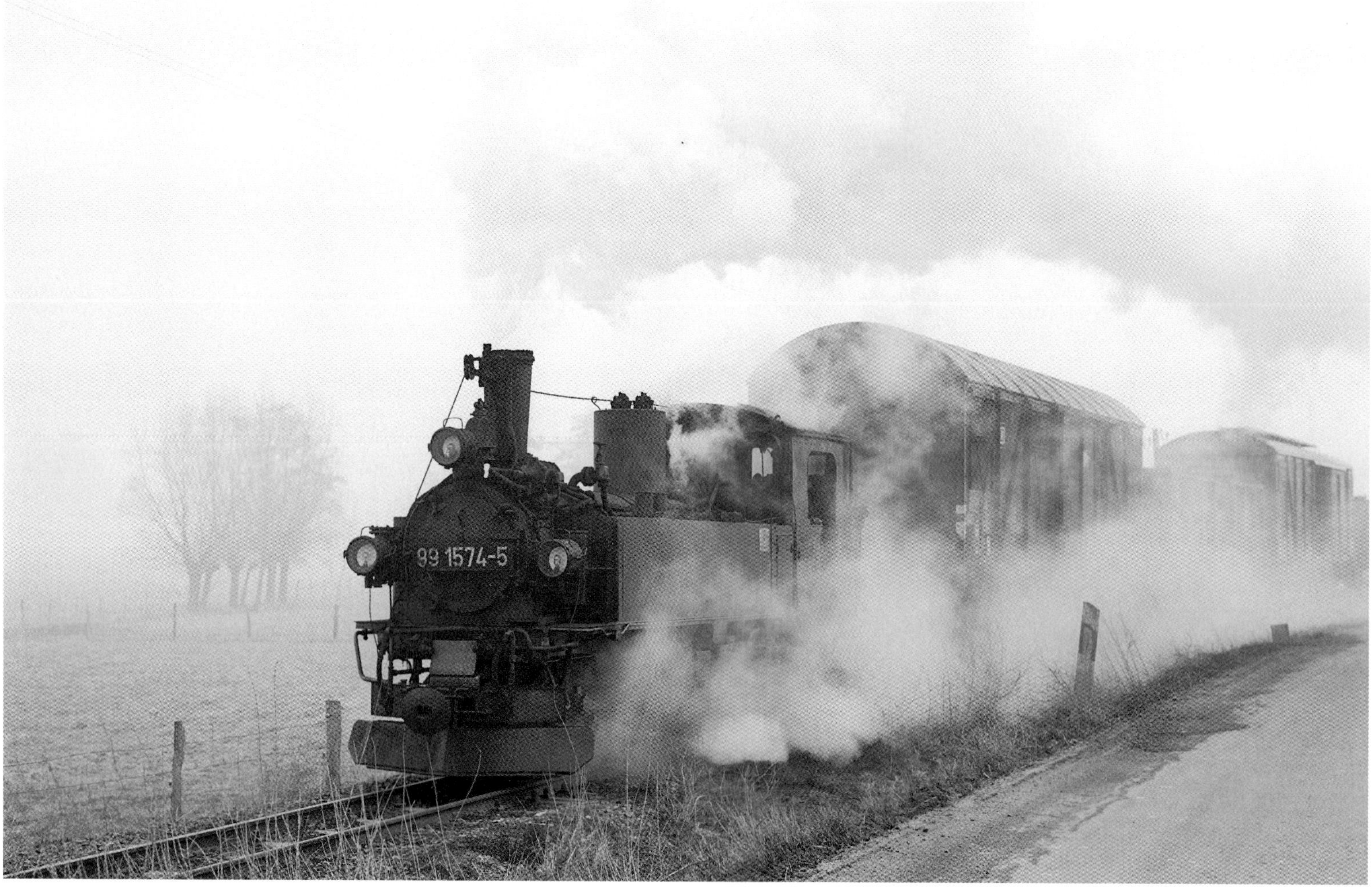
99 1574-5

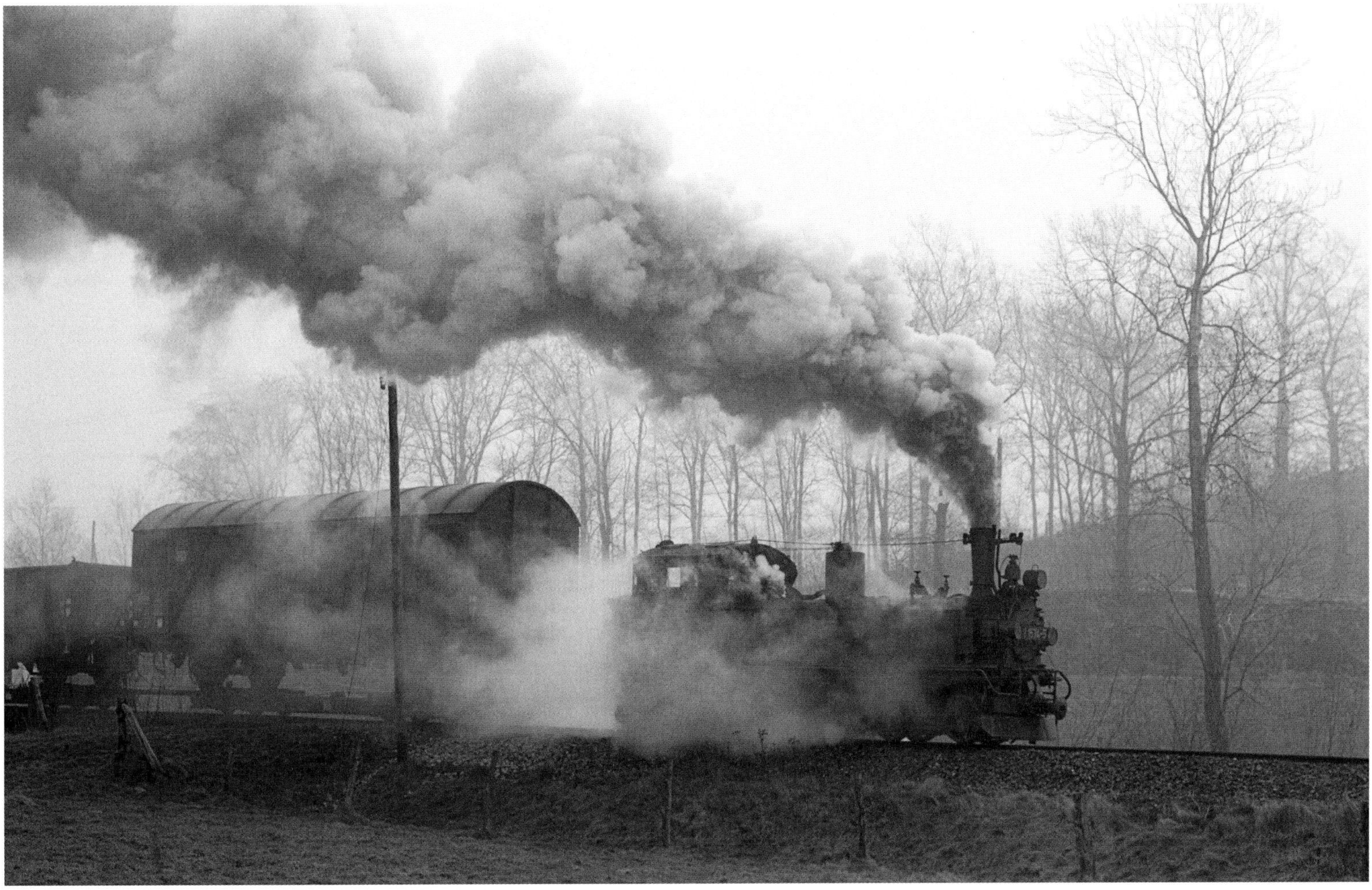

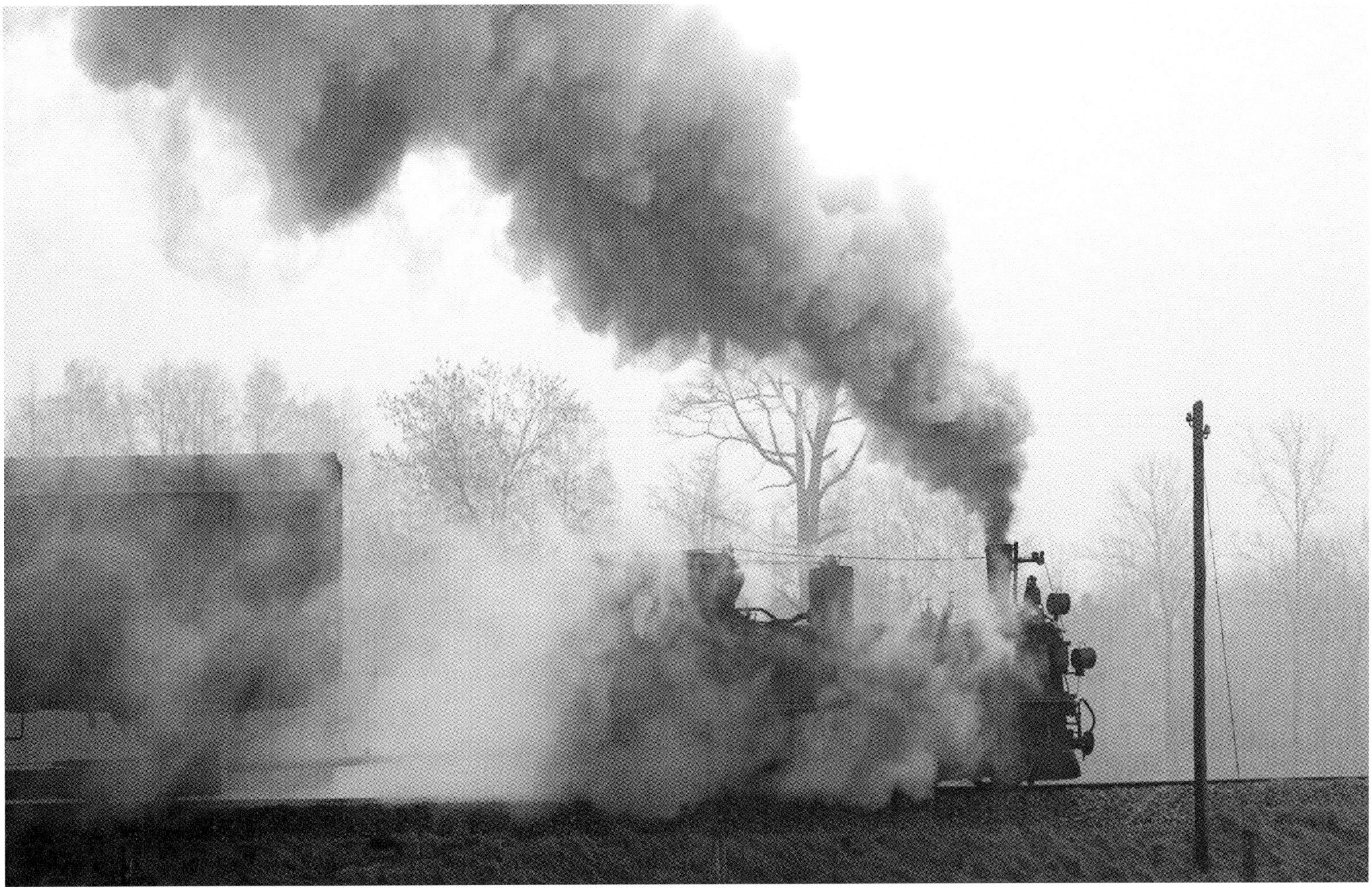

Auf der Strecke geblieben......
Ehemals deutsche Dampflokomotiven im benachbarten Ausland

Kriege verändern die Landkarten. Das mussten wir in und nach zwei Weltkriegen im vorigen Jahrhundert schmerzvoll erfahren. Kriege veränderten aber auch die Eisenbahnverbindungen. Aus Hauptstrecken wurden oft Nebenbahnen, ehemals regionale Verbindungen entwickelten sich zu Hauptdurchgangsstrecken.

Vor allem aber folgte der Lokomotivpark in Kriegszeiten den vorrückenden oder sich zurückziehenden Truppen. Bei Kriegsende gelang es den bis über die Grenze ihrer Leistungsfähigkeit beanspruchten Eisenbahnern zwar, den größten Teil des Lokomotivparkes wieder bis in die Heimat zurückzuführen. In den ehemals besetzten Gebieten blieben aber viele Dampflokomotiven im wahrsten Sinne des Wortes auf der Strecke und wurden von den ausländischen Bahnverwaltungen übernommen.

Zur Freude der Eisenbahnfreunde ging der Traktionswandel in den Ländern Osteuropas weit langsamer vor sich als in der Bundesrepublik. So konnten Anfang der 70er Jahre noch seltene Exemplare ehemals deutscher Dampflokomotiven in Österreich, Ungarn und vor allem Polen aufgespürt und im Alltagsbetrieb fotografiert werden. Das war in Österreich problemlos möglich. Die ÖBB stellten damals noch den Interessierten Ausweise zum Betreten der Bahnanlagen und sogar zur Mitfahrt auf dem Führerstand aus.

Ganz anders die Situation in den ehemaligen Ostblockländern. Dort war es immer abenteuerlich, Eisenbahnen zu fotografieren. Aus wohl nostalgischen Anwandlungen heraus glaubte man auch in den 70er Jahren noch, alle westdeutschen Eisenbahnfreunde seien Spione.........

Auf den folgenden Seiten werden ehemals deutsche Lokomotiven gezeigt, die auf ihren danach ausländischen Stammstrecken noch im Einsatz waren. Dazu unten eine noch bestens erhaltene S6 der KPEV als Unterrichtsobjekt im Hof der Technischen Hochschule in Warschau, die mit Beziehungen 1977 fotografiert werden durfte.

Bilddaten PKP, GySEV, ÖBB und CFR

220 PKP Pm2 32 am 27.04.1976 im Bf Pila

221u PKP Pd5 (KPEV S6) 1977 in Warschau

222o PKP Ok1 126 am 26.04.1976 im Bf Dama Slavek

222u PKP Ty5 1 am 26.04.1976 im Depot Poznan

223o PKP Pm2 32 am 27.04.1976 im Bf Bialosliwie

223m PKP Ok1 auf der Drehscheibe im Depot Poznan

223u PKP Ty5 1 am 26.04.1976 im Depot Poznan

224 GySEV 520.083 am 27.07.1972 bei der Ausfahrt aus dem Bf Wulkaprodersdorf. Der lange Güterzug wird von einer weiteren 520 geschoben.

225o GySEV 520.050 am 26.07.1972 Wulkaprodersdorf

225m GySEV 520.079 und 520.094 am 27.07.1972 im Bf Wulkaprodersdorf. Man beachte die von den Sowjetrussen an ihren Beutemaschinen angebrachten typischen Stirnleuchten.

225u GySEV 520.094 am 26.07.1972 Wulkaprodersdorf

226 ÖBB 52.3504 am 28.06.1973 Bf Marchegg

227 ÖBB 52.7358 am 08.02.1974 Bf Pregarten

228o ÖBB 50.685, 52.7597, 52.7046 und 52.7061 am 21.07.1972 in der Zfstl Linz

228u ÖBB 52 im Heizhaus der Zfstl Strasshof am 24.07.1972

229o ÖBB 52.739 und eine weitere 52 am 11.04.1975 bei der Ausfahrt aus dem Bahnhof Freistadt

230o ÖBB 52 nähern sich am 18.10.1974 in Doppeltraktion dem Bf Summerau

230u ÖBB 52.2425 am 14.11.1974 vor Summerau

231o GySEV 520.094 am 16.11.1974 vor Müllendorf

231u GySEV 520.079 am 12.11.1975 bei der Ausfahrt aus dem Bf Wulkaprodersdorf

232, 233o CFR 230.076 am 28.06.1973 in Nadlac

233u CFR 50.378 am 23.06.1973 im Museum in Resita

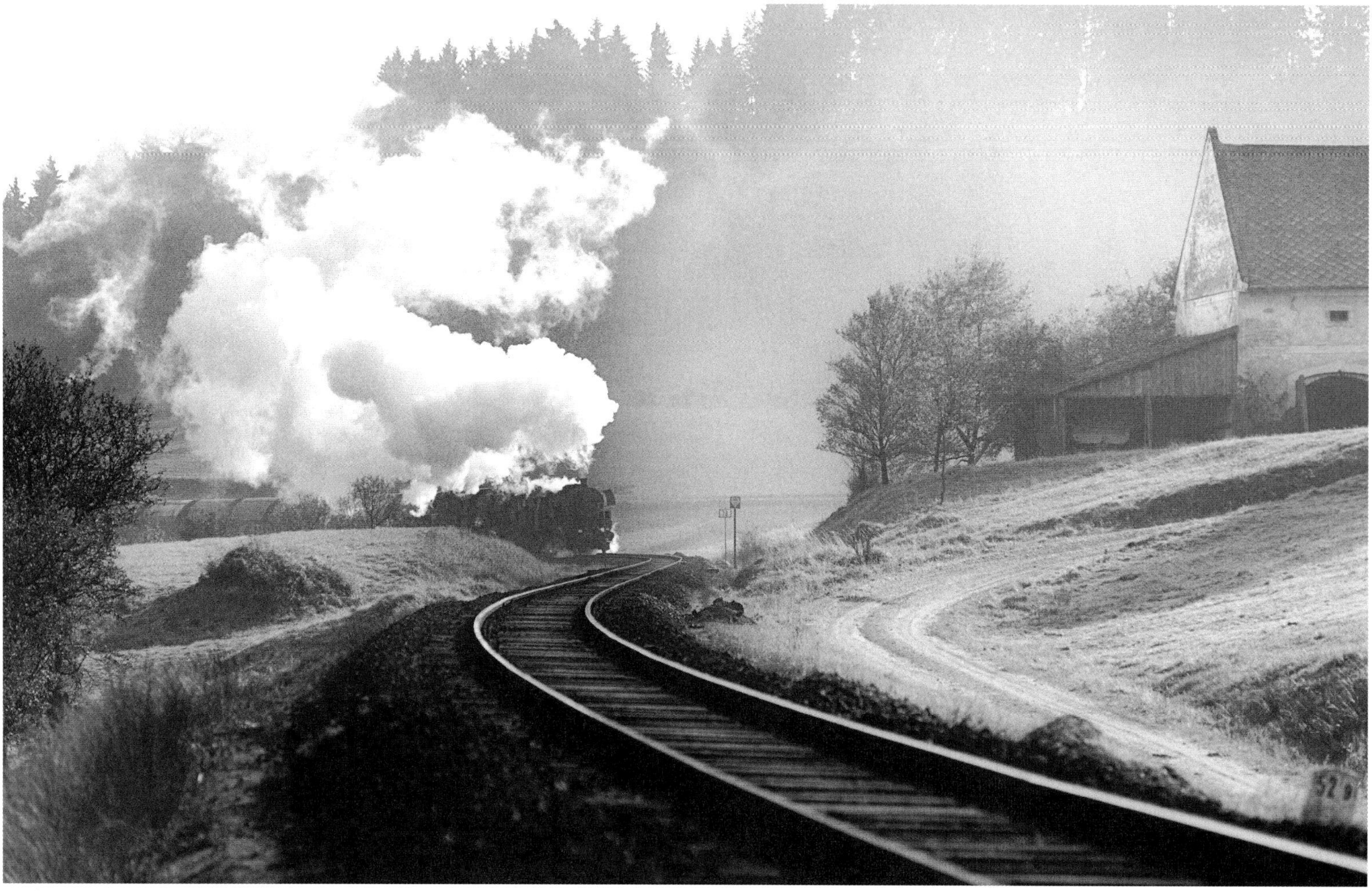

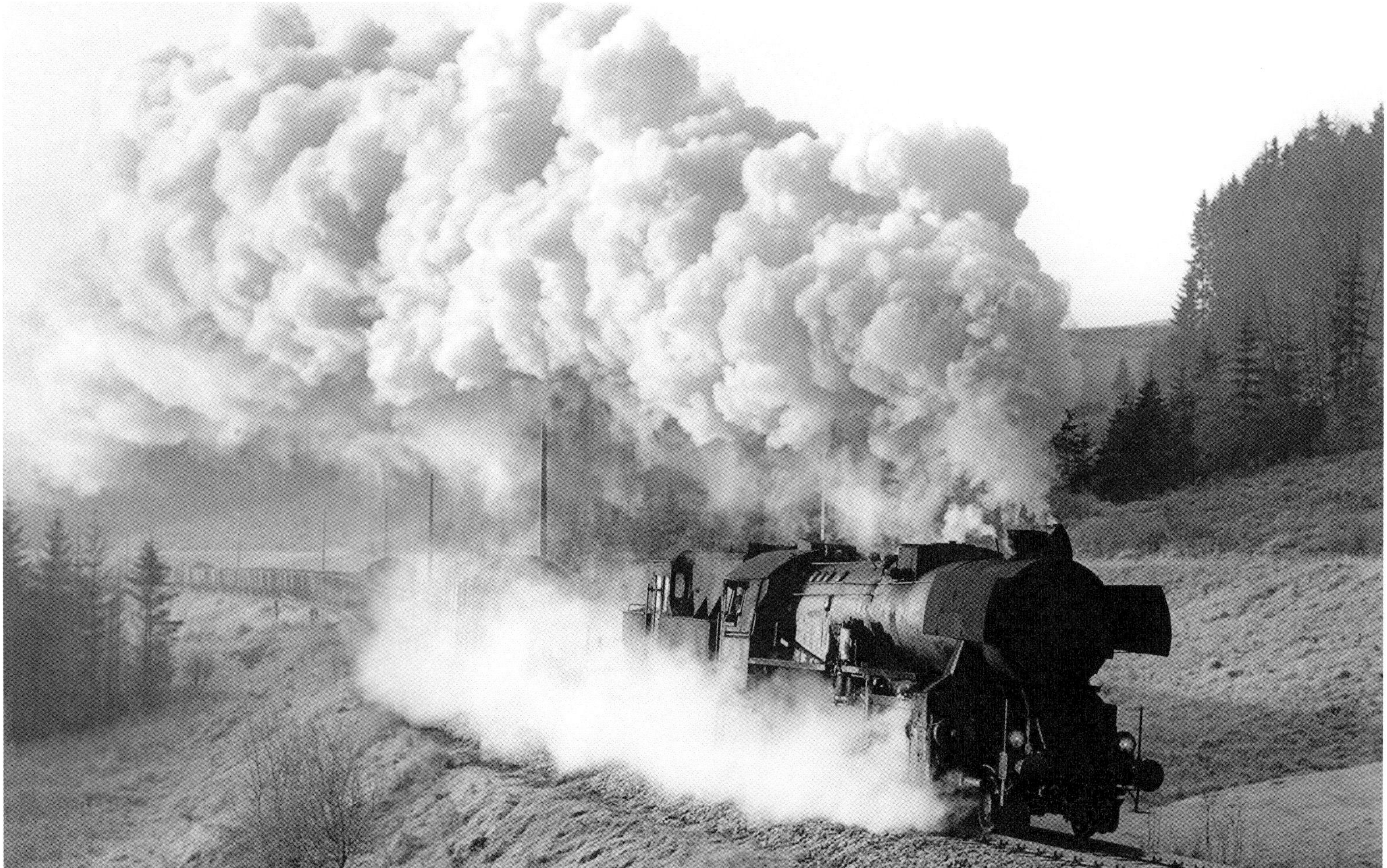

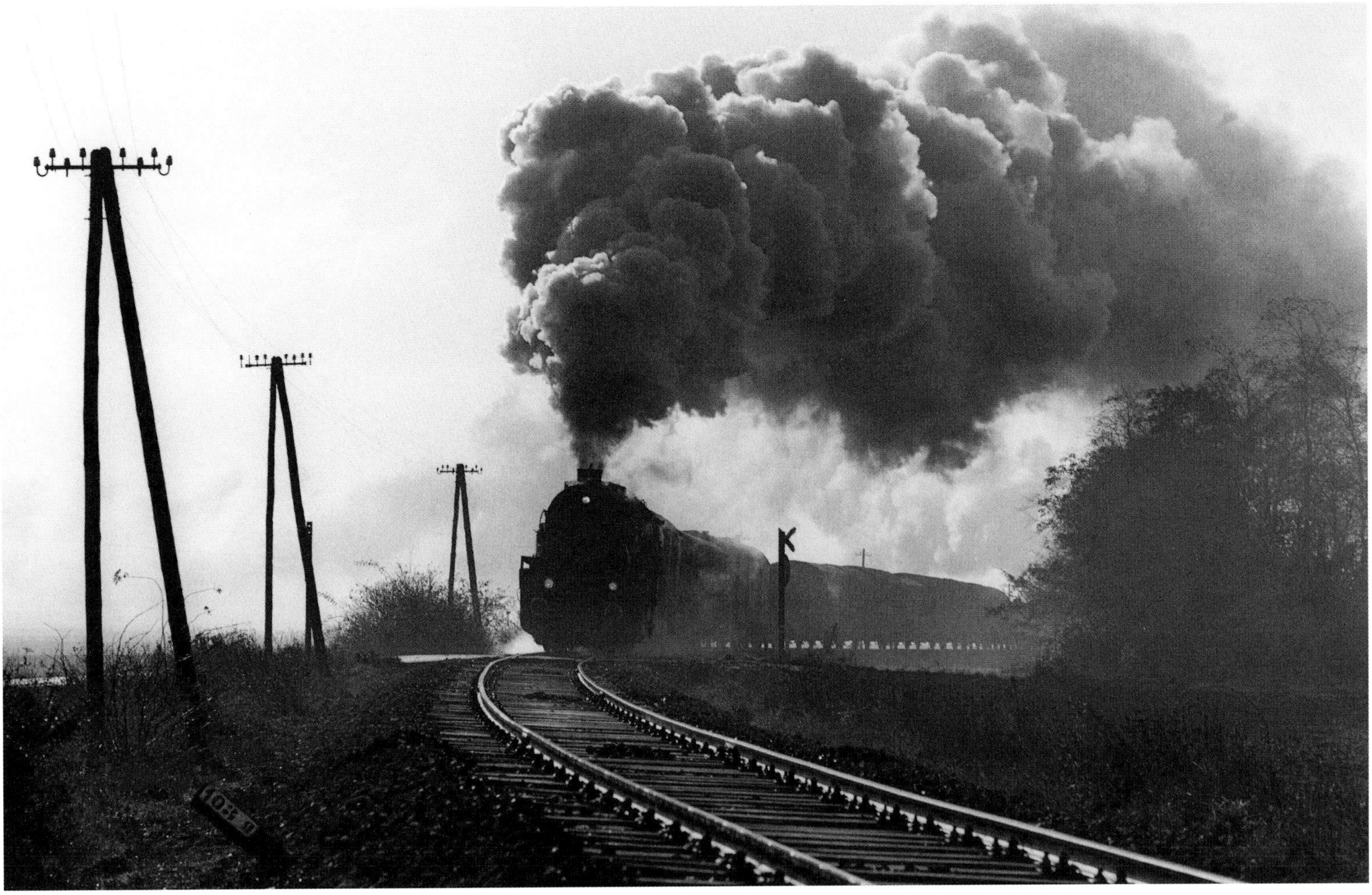

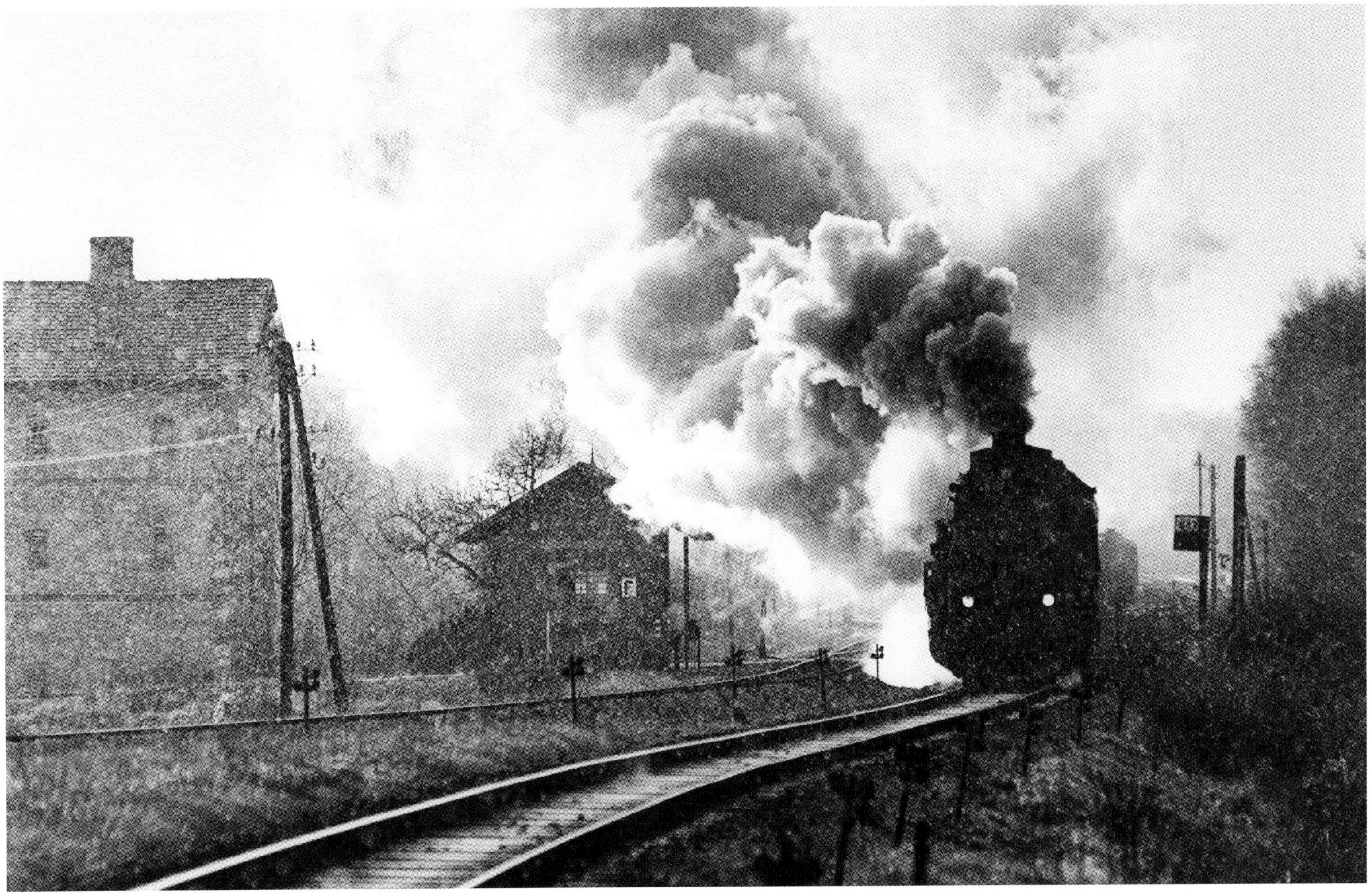

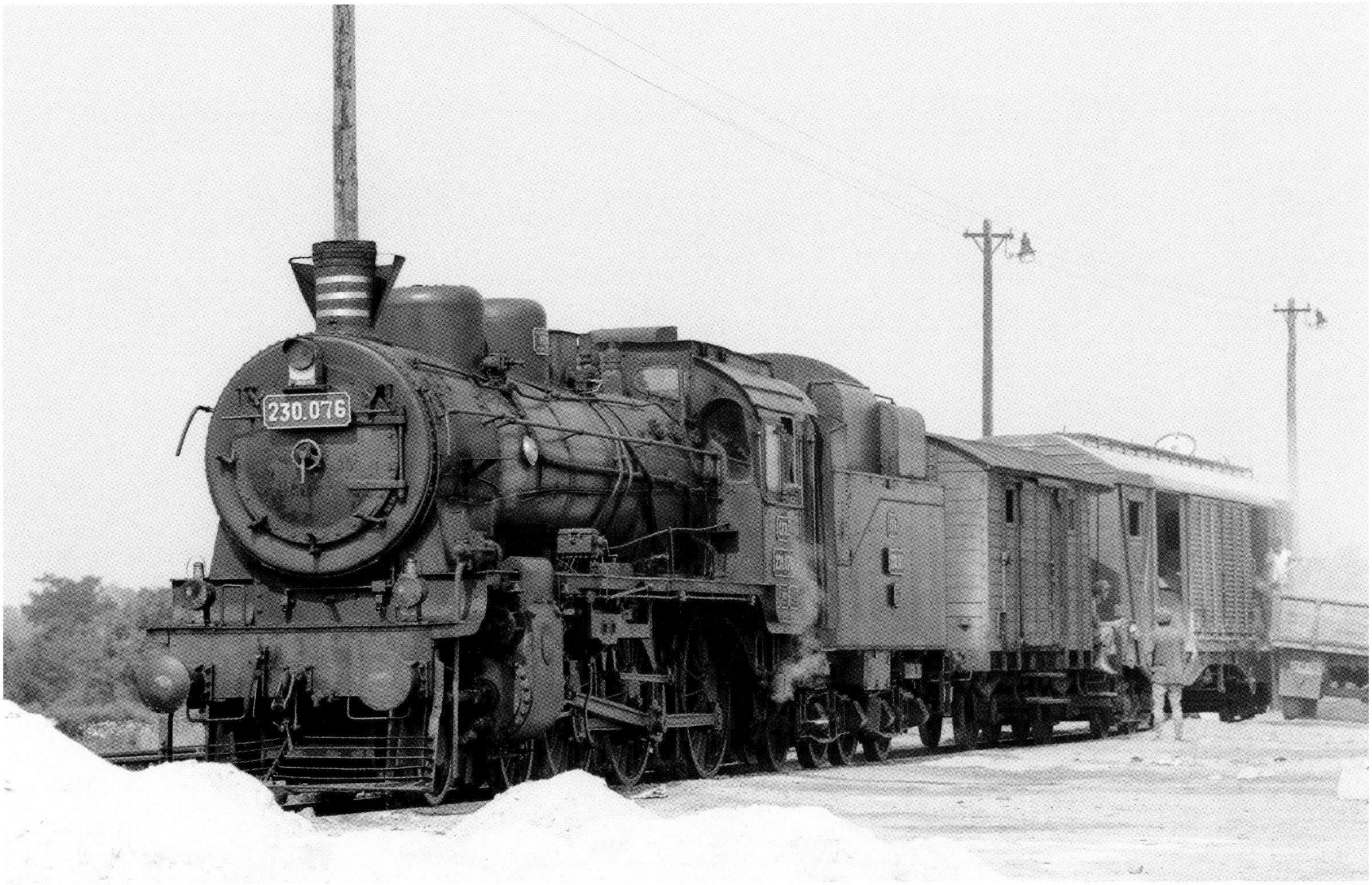
230.076

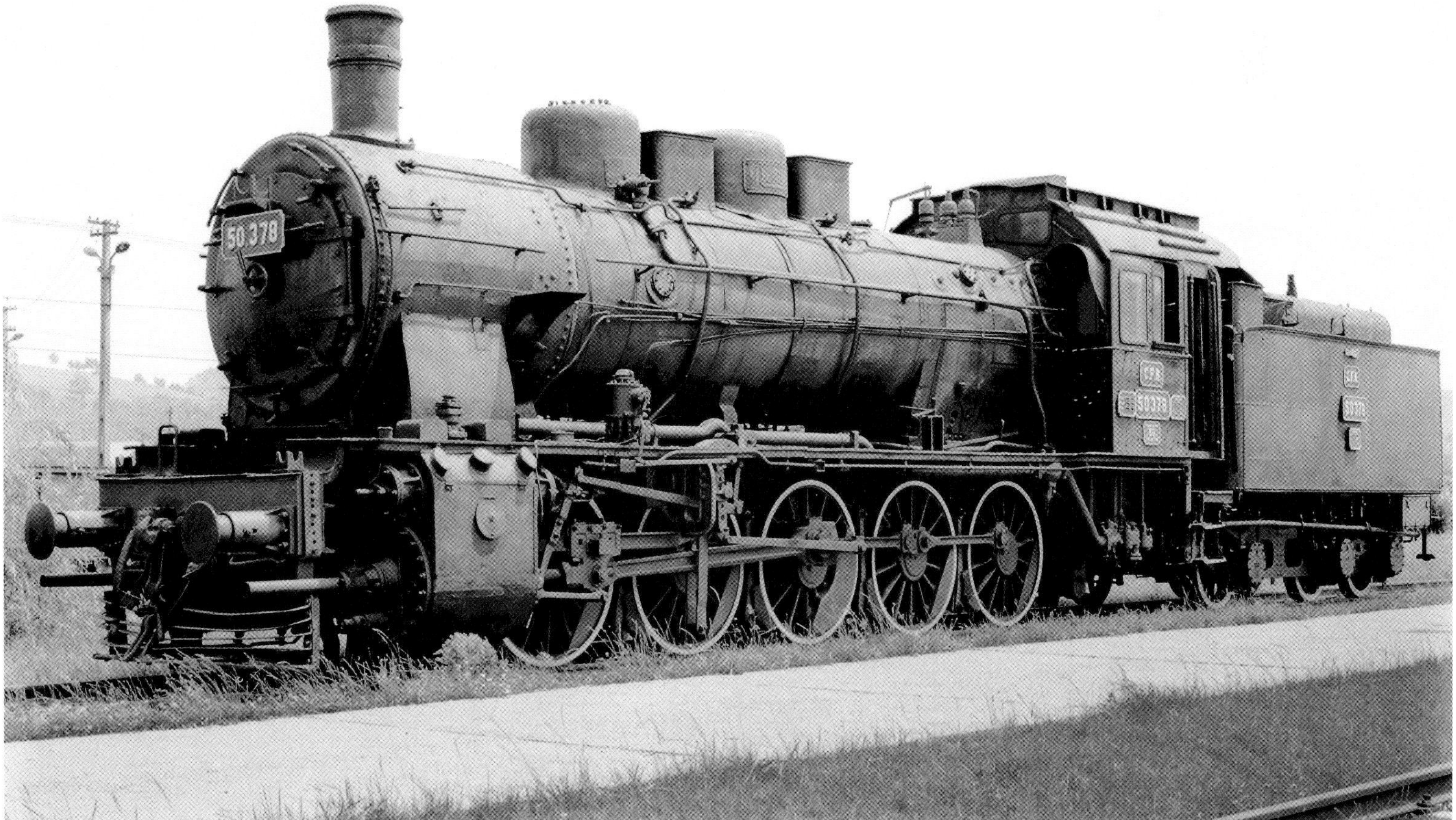
50.378

Ein Bild von den Eisenbahnern
Als Dank an die Menschen, welche die Maschinen zum Laufen brachten

Bis jetzt trat auf unseren Bildern der Mensch hinter der Technik zurück. Das ist keine Missachtung, sondern nur Ausdruck der überwältigenden technischen Erscheinungen, die vor allem die Menschen zu Beginn des vergangenen Zeitalters der dampfgetriebenen Maschinen erlebten.

Zum ersten Mal in der Geschichte der Menschheit zogen vom Menschen erbaute Apparate ihn selbst in den Bann seines Handelns. Der große Unterschied zwischen der Anfangszeit der Technik und der heutigen Beherrschung unserer Umwelt liegt in der noch von jedem überschaubaren Konstruktion der ersten Maschinen. Und in der Ausstrahlung von Kraft, Energie und Leistung. Vergleichen wir doch die Dampflokomotive mit dem elektronischen Gerät unserer Tage, dem Computer, dann erkennen wir sofort den Unterschied in der Qualität der Zeit.

Die Dampflokomotive zeigte sich wie ein technisches Wesen mit menschlichen Zügen. Wie der Mensch wurde sie oft bis an die Grenze ihrer Leistungsfähigkeit beansprucht, brach unter der Belastung von Zuggewicht, steiler Strecke und Wetterbedingungen unter Stöhnen zusammen. Das konnte beobachtet, erkannt und richtig gedeutet werden. Und das konnte man am besten dort beobachten, wo die Dampflokomotiven betreut, gepflegt und für den nächsten Einsatz hergerichtet wurden: im Bahnbetriebswerk.

Die Arbeit an den schweren Maschinen erforderte ganze Männer. Nur bei den schwierigsten, von Menschenhand nicht zu bewältigenden Aufgaben, konnten sich die Eisenbahner in den Betriebswerken, den Ausbesserungswerken, den Stellwerken, beim Oberbau und auf den Lokomotiven selbst, der Hilfe von Maschinen bedienen. Vieles musste von Hand erledigt werden.

Fast jeder Junge träumte früher davon, einmal Lokführer werden zu dürfen. Was machte diesen Beruf eigentlich so begehrenswert? War es der verständliche Wunsch, ein bisschen dieser Kraft möge auch auf den Meister dieses technischen Ungeheuers übergehen? Sicher! Dazu kam die Hoffnung, geradezu spielend in ferne Gegenden zu reisen, unbekannte Eindrücke in sich aufnehmen zu können, die weite Welt zu erleben. Schließlich war es die Faszination, die auch heute die Beherrschung komplizierter Maschinen auf den Menschen ausübt

Bei der Betrachtung der Bilder der nächsten Seiten mag sich so mancher von Ihnen an die Stelle der Lokomotivbesatzungen träumen. Auch mir geht es nicht anders. Die Gedanken schweifen zurück zu unvergesslichen Erlebnissen bei der Mitfahrt auf der Dampflokomotive. Vor allem auf den 52er-Kriegsloks der GySEV von Wulkaprodersdorf über die lange Steigung vor Müllendorf nach Neufeld , die oft bei schweren Zügen eine besondere Herausforderung an die ungarischen Lokbesatzungen war. Höhepunkt aber bleibt immer die Fahrt auf dem Führerstand der kleinen Erzbergbahnlokomotiven durch den engen Plattentunnel mit bis an die Grenze gehendem Zuggewicht bei voll aufgedrehtem Regler auf der Strecke von Erzberg zum Pass in Präbichl .

Gerade der Besuch in den vielen Bahnbetriebswerken, Zugförderungsleitungen, Heizhäusern und Eisenbahndepots gehörte, neben der Eisenbahnjagd an der Strecke, zu den eindrucksvollsten Erlebnissen des Eisenbahnfotografen. Auch und gerade wegen der menschlichen Kontakte mit den Eisenbahnern, die sich immer als außerordentlich hilfreich erwiesen. Anfang der 70er Jahre waren viele Dampflokbaureihen schon auf wenige Exemplare zusammengeschmolzen. Sie fristeten oft ein Schattendasein in irgendeinem Winkel eines Lokschuppens. Die Eisenbahner waren dann immer bereit, auch ausgefallene Wünsche nach vom Bildhintergrund bestimmter genauer Platzierung einer Dampflok zu erfüllen.

Unvergessen auch die Kontakte mit den Lokbesatzungen der DR-Schnellzugloks im Bw Bebra. Ohne die begeisterte Mithilfe der Personale der DR wäre so manches Bild nicht zustande gekommen. Dieses ganze Buch sei deshalb auch als Dank und Anerkennung für alle diejenigen Eisenbahner verstanden, die dem Autor mit Rat und Tat unschätzbare Hilfe leisteten.

Pars pro toto: Dampflok-Details
Schönheit und Zauber alter Technik

Die nächsten Seiten dieses Buches werden nicht nur den Laien, sondern oft auch den Eisenbahnfachmann überraschen und erstaunen lassen. Galt schon bei den alten Römern der Grundsatz *pars pro toto*, soll heißen, ein Teil steht für das Ganze, so müsste dieser Spruch für die voluminösen Dampflokomotiven doch wohl in besonderem Maße zutreffen. Aber welche Teile einer Dampflok könnten denn wohl aussagekräftig für das Ganze stehen? Die Frage wird von den meisten Menschen nur zögernd beantwortet. Stattdessen wird das Typische des Dampfbetriebs genannt. Ein alle Sinne ansprechendes Erlebnis aus Dampf und Rauch, Zischen und Pfeifen, charakteristischem Geruch und Geschmack. Man würde heute sagen: ein multimediales Erlebnis in optimaler Darbietung. Aber Einzelteile, die für das Ganze stehen sollen?

„Dampflokomotiven geben herrliche Modelle für den kreativen Farbfotografen ab", sage ich einmal frech. Und ich werde jetzt sofort den Beweis für diese nur scheinbar verwegene Behauptung antreten. Schauen Sie sich das gegenüberstehende Bild des Treibrades einer Güterzuglokomotive genau an. Es wirkt sofort durch seine kräftigen Farben und offenbart bei genauerem Hinsehen eine ganze Palette feiner Nuancen, die letztlich den Reiz eines solchen Farbdokumentes ausmachen.

Aber wo sollte ich Sie hinschicken, um sich Dampflokomotiven noch einmal ganz genau anzusehen? In ein Eisenbahnmuseum? Zu einer Dampfloksonderfahrt? Das könnten begeisterte Begegnungen werden. Nur eines können solche Besuche und Sonderfahrten nicht vermitteln: die Farbigkeit der Einzelteile einer Dampflokomotive im harten Alltagseinsatz. Ganz besonders die Farbigkeit des Räderwerkes. Genau dieser Anblick, das Bild einer nicht mehr mit der harten Alltagsarbeit belasteten Maschine, ist nicht geeignet, als Teil für das Ganze zu sprechen. Wir müssen uns schon Lokomotiven heraussuchen, die nicht für Ausstellungen hergerichtet sind, Lokomotiven, an denen Spuren des Alltags zu finden sind.

Lassen wir die Bilder dieses Kapitels einmal Revue passieren. Was fällt Ihnen besonders auf? Ich behaupte: Erst die Spuren des Alltags von dem für diese Maschinen vorgesehenen Einsatz erwecken die Details zum Leben und lassen aus dem Foto ein Bild werden, von dem aus auf das Ganze geschlossen werden kann. Schauen Sie noch einmal auf das nebenstehende Bild. Was macht denn nun wirklich seinen Reiz aus? Es sind die Spuren der Arbeit, die sich tief in das Material eingeprägt haben und bei der Behandlung im Ausbesserungswerk, wie hier in Trier, auch nicht entfernt wurden. Die verwitterten Farben des Treibrads, die angerosteten Bremsbacken, die von Grünspan bedeckten Kupferhebel, die Reflexion des blauen Himmelslichtes, all das gibt im Zusammenspiel den Farbeindruck einer noch lebenden Maschine. Im Museum sind von all diesen wundervollen Nuancen nur noch Schwarz und Rot übriggeblieben. Das Ausstellungstück erinnert an eine überschminkte, tote Schauspielerin. Die Spuren des Lebens sind übertüncht. Und gerade sie machen doch erst den Reiz, das Individuelle aus.

So vorbereitet können wir uns jetzt einige Details näher anschauen. Können sie uns denn nun wirklich etwas Wesentliches über das Ganze aussagen? Auf Seite 241 finden Sie einen Ausschnitt aus dem Gestänge des Treibrades einer alten Dampflok. Hineingeschlagene Markierungen, Abnutzungsspuren und die Einfachheit alter Mechanik vereinigen sich zu einem Ausdruck von Kraft und Schönheit, die solche Bilder zu kleinen Kunstwerken stilisieren.

Oder schauen Sie sich die Radsätze von BR 01[5]-Schnellzuglokomotiven an. Sie spiegeln neben der Schönheit der Erscheinung auch noch Politik wider. Die fremd anmutenden Räder auf Seite 243 sind Boxpok-Radsätze russischer Provenienz, die offenbar nach dem damals gängigen Motto *Von der Sowjetunion lernen heißt siegen lernen*, von der DR eingesetzt wurden – und sich nicht bewährten. Pars pro toto!

Auch der noch aus dem Vollen geschmiedete Kreuzkopf auf Seite 246 kann sicher eine lange Geschichte erzählen. Dampfloks sind bunte Vögel! Für den, der zu sehen gelernt hat.

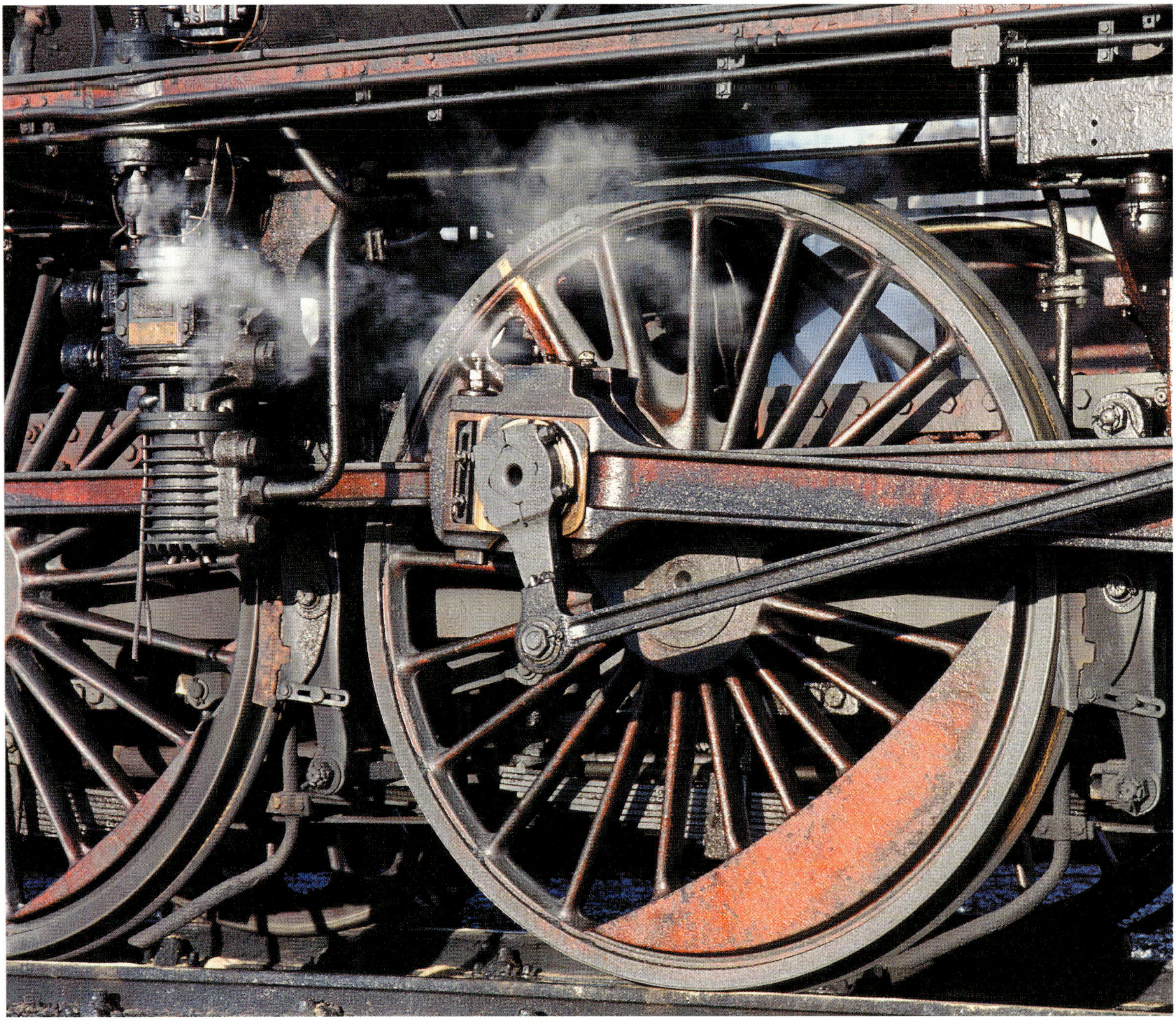

K.P.E.V
D.B.
EISENWERKE

BADEN

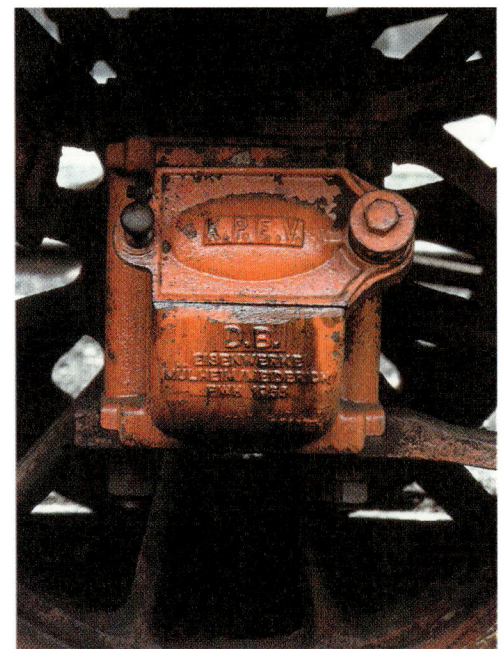

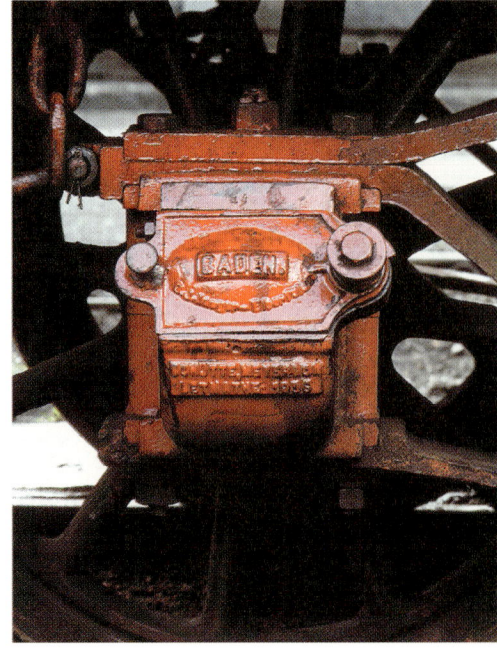

Bilddaten

234   DR 01.0533 am 01.02.1973 im Bw Bebra
236ol   DB 055 538-3 am 27.09.1972 in Lohmar
236om DB 038 711-8 am 26.05.1972 im BW Freudenstadt
       (Der Buchautor ist auf dem Bild zu sehen.)
236or   DB 001 150-2 am 27.07.1971 Bw Koblenz-Mosel
236ml   DB 044 380-4 am 06.04.1972 Bw Ehrang
236mm DB 065 018-4 am 06.08.1971 Bf Miltenberg
236mr   DB 012 081-6 am 02.11.1974 Bf Norddeich
236ul   DB 094 567-5 am 22.10.1976 Bw Emden
236um GySEV 520.094 am 26.07.1972 Wulkaprodersdorf
236ur   DB 023 050-8 am 21.09.1972 Bf Lauda
237ol   ÖBB 52.6966 am 12.05.1972 ZfL Linz
237om ÖBB 52.6966 am 12.05.1972 ZfL Linz
237or   ÖBB 52.6966 am 12.05.1972 ZfL Linz
237ml   PKP Ok1 306 am 02.11.1971 Warszawa-Praga
237mr   PKP Pt47 am 02.11.1971 Depot Warszawa-Praga
237ul   DB 042 113-1 am 05.04.1972 im Bw Rheine

Bilddaten

Literatur

Alba Buchverlag: *1000 Reiseziele für Eisenbahnfreunde in Europa*, Düsseldorf 1978

Bochmann, K.: *Die Baureihe 01^5*, Heidelberg 1977

Bosshard, H.: *Frankreichs letzte Dampflokomotiven*, Zürich 1976

Braitmaier, D.A. und Gottwaldt, A.B.: *Meisterfotos der Reichsbahnzeit von Alfred Ulmer*, Stuttgart 1976

Bratè, T.: *Die Dampflokomotiven Jugoslawiens*, Wien 1971

Broncard, Y., Fenino, F.: *French Steam*, London 1970

Damen, A., Naglieri, V., Pirani, P.: *Treni di tutto il mondo, Italia Locomotive a Vapore*, Parma 1971

Düring, T.: *Schnellzug-Dampflokomotiven der Deutschen Länderbahnen 1907-1922*, Stuttgart 1972

Durrant, A.E., Lewis, C.P., Jorgensen, A.A.: *Dampf in Afrika*, Zürich 1981

EK-Verlag: *Parade-Express, Epochenstreifzug: Vom Adler zum Intercity*, Freiburg 1985

ELV Eisenbahn-Lehrbuch Verlagsgesellschaft: *Offizieller Jubiläumsband der Deutschen Bundesbahn 150 Jahre Deutsche Eisenbahnen*, München 1985

Gareis, R.: *Dampflok Atmosphäre*, Leichlingen 1997

Gareis, R.: *Dampflok Alltag*, Leichlingen 1998

Giesl-Gieslingen, A.: *Lokomotiv-Athleten*, Wien 1976

Gottwaldt, A.B.: *Deutsche Kriegslokomotiven 1939-1945*, Stuttgart 1973

Gottwaldt, A.B.: *Eisenbahnbrennpunkt Berlin*, Stuttgart 1976

Gottwaldt, A.B.: *Geschichte der Deutschen Einheitslokomotiven*, Stuttgart 1978

Grau, B.: *Bahnhofsgestaltung*, Berlin 1968

Griebl, H.: *CSD-Dampflokomotiven*, Wien 1969

Griebel, H. und Wenzel, H.: *Geschichte der Deutschen Kriegslokomotiven*, Wien 1971

Halliwell, C.J.: *Die Lokomotiven Rumäniens*, Malmö 1970

Hefti, W.: *Zahnradbahnen der Welt*, Basel und Stuttgart 1971

Heinrich, P.: *Die sächsischen Schnellzuglokomotiven, Die Baureihen 14$^{2-3}$, 17$^{6-8}$, 18^0 und 19^0*, Freiburg 1985

Hoecherl, E., Kronawitter, J.B., Tausche, W.: *S 3/6 Star unter den Dampflokomotiven*, Stuttgart 1970

Holzborn, K.-D. und Bellingrodt, C.: *Dampflokomotiven Normalspur*, Düsseldorf 1966

Holzborn, K.-D., Kieper, K.: *Dampflokomotiven, Zahnrad, Lokalbahn, Schmalspur*, Düsseldorf 1968

Jansen, K.-H., Lauber, W., Melcher, P. und Wenzel, H.: *Die Baureihe 95*, Freiburg 1980

Konzelmann, P.: *Die Baureihe 01^{10}*, Freiburg 1982

Konzelmann, P.: *Die Baureihe 41*, Wuppertal 1975

Konzelmann, P.: *Die Baureihe 44*, Freiburg 1981

LeFleming, H:M:, Price, J.H.: *Russian Steam Locomotives*, Newton Abbot Devon 1972

Lewis, C.P., Jorgensen, A.A.: *Dampf am Kap, Südafrika - Das letzte Dampflokparadies*, Düsseldorf 1978

Lüdecke, S.: *Die Baureihe 18$^{4-6}$, Geschichte einer legendären Dampflokomotive*, Freiburg 1984

Maedel, K.E.: *Unvergessene Dampflokomotiven*, Stuttgart 1966

Maedel, K.-E.: *Die Deutschen Dampflokomotiven gestern und heute*, Berlin 1968

Maedel, K.E.: *Die Dampflokzeit*, Stuttgart 1968

Maedel, K.E.: *Dampf überm Schienenstrang*, Stuttgart 1970

Maedel, K.E.: *Liebe alte Bimmelbahn*, Stuttgart 1971

Maedel, K.E.: *Das Eisenbahn-Jahrhundert*, Stuttgart 1973

Maedel, K.E.: *Die Königlich Sächsischen Staatseisenbahnen*, Stuttgart 1977

Meereis, W.: *Besuch bei den Sächsischen Schmalspurbahnen*, Solingen 1972

Meereis, W.: *Neubau- und Rekonstruktions-Dampflokomo-*

tiven der DR nach 1945, Wuppertal 1975

Meereis, W.: *Die Baureihe 23[10]*, Freiburg 1978

Mehltretter, J.M.: *Die Lokomotiven der Deutschen Bundesbahn*, Stuttgart 1973

Mehltretter, J.M.: *Dampflokomotiven: Die letzten in Deutschland*, Stuttgart 1974

Mehltretter, J.M.: *Die Deutschen Museums- und Denkmallokomotiven*, Stuttgart 1977

Mehltretter, J.M.: *Am Ende einer Epoche: Dampflokomotiven*, Stuttgart 1979

Messerschmidt, W.: *Bilddokumente der Dampflokomotive*, Stuttgart 1991

Mißbach, H.K.: *Eisenbahnen in Tirol*, Stuttgart 1979

Moll, G.: und Wenzel, H.: *Die Baureihe 89[70] (Preußische T3)*, Freiburg 1981

Moser. A.: *Der Dampfbetrieb der Schweizerischen Eisenbahnen 1847-1966*, Basel und Stuttgart 1967

Navé, H.: *Dampflokomotiven in Österreich*, Stuttgart 1973

Navé, H.: *Dampflokomotiven in Mittel- und Osteuropa*, Stuttgart 1977

Niederstrasser, L.: *Leitfaden für den Dampflokomotivdienst*, Leipzig 1941

Nock, O.S.: *The British Steam Railway Locomotive*, London 1966

Obermayer, H.J.: *Dampflokomotiven Regelspur*, Stuttgart 1990

Obermayer, H.J.: Schmalspur-Dampflokomotiven, Stuttgart 1990

Reed, B.: *Loco Profile German Austerity 2-10-0*, Windsor, Berkshire 1971

Reichsverkehrsministerium: *Hundert Jahre Deutsche Eisenbahnen*, Berlin 1938

Schröder, A. und Wenzel, H.: *Die Baureihe 38[10] (Preußische P8)*, Freiburg 1982

Schröpfer, H.: *Dampflokomotiven BBÖ und ÖBB*, Düsseldorf 1989

Spielhoff, L.: *Länderbahn-Dampflokomotiven*, Stuttgart 1990

Staisch, E.: *Hamburg und die Eisenbahn*, Eppstein, 1969

Sternhart, H.: *Die GySEV*, Wien 1966

Slezak, J.O.: *Die Lokomotiven der Republik Österreich*, Wien 1970

Thiedemann, H.: *Lübeck-Büchener Eisenbahn, Betriebsmittelverzeichnisse*, Hamburg 1976

Wenzel, H.: *Die Baureihe 01*, Solingen 1972

Wenzel, H.: *Die Baureihe 03*, Wuppertal 1975

Wenzel, H.: *Die Baureihe 24*, Freiburg 1979

Wenzel, H.: *Die Baureihe 39*, Solingen 1971

Wenzel, H.: *Die preußische G8/G8.1: Die Baureihe 55*, Wuppertal 1976

Wenzel, H.: **Die Baureihe 57**, Wuppertal 1974

Wenzel, H.: *Die Baureihe 94*, Solingen 1973

Winkler, D.: *Eisenbahnmetropole Berlin 1935 bis 1955*, Freiburg 1998.

Zeitschriften

Eisenbahn Kurier, Freiburg
Eisenbahn Magazin, Alba-Verlag, Düsseldorf
Eisenbahn Österreich, Minirex-Verlag, Luzern
LokMagazin, GeraNova-Verlag München
Lok Report, Arbeitsgruppe Lokreport e.V., Münster
ÖBB-Journal
Schienenverkehr aktuell, Verlag Peter Pospischil Wien.

Bilddaten

254o 38 1772 am 28.12.1974 im Bw Rottweil
254u 78 246 am 28.12.1974 im Bw Rottweil
255o Bahnhofshalle Lübeck Hbf am 18.06.1981
256o DB 001 131-2 am 12.10.1971 bei Seulbitz

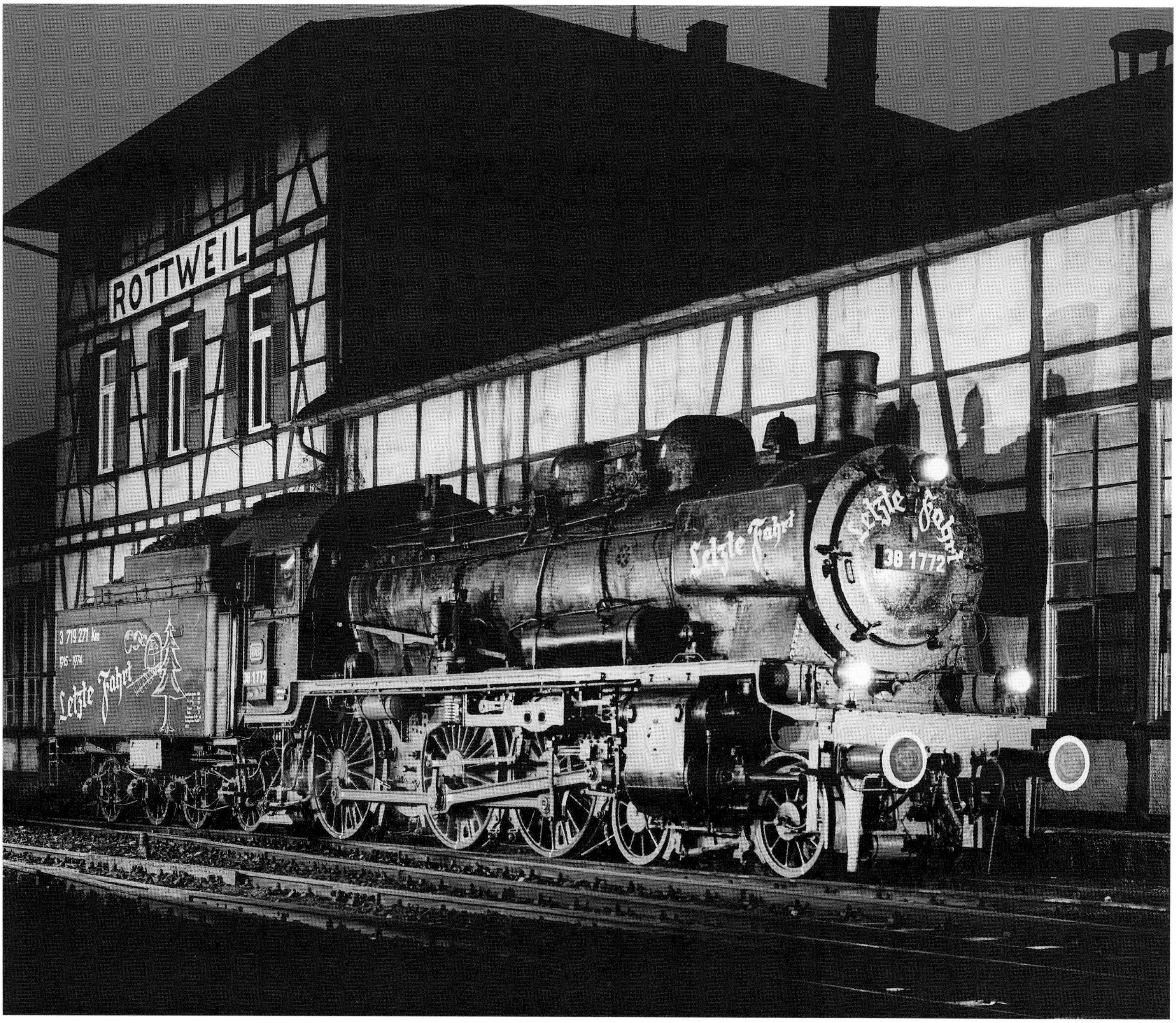
ROTTWEIL
Letzte Fahrt
38 1772
Letzte Fahrt
Letzte Fahrt

Letzte Fahrt
78 246

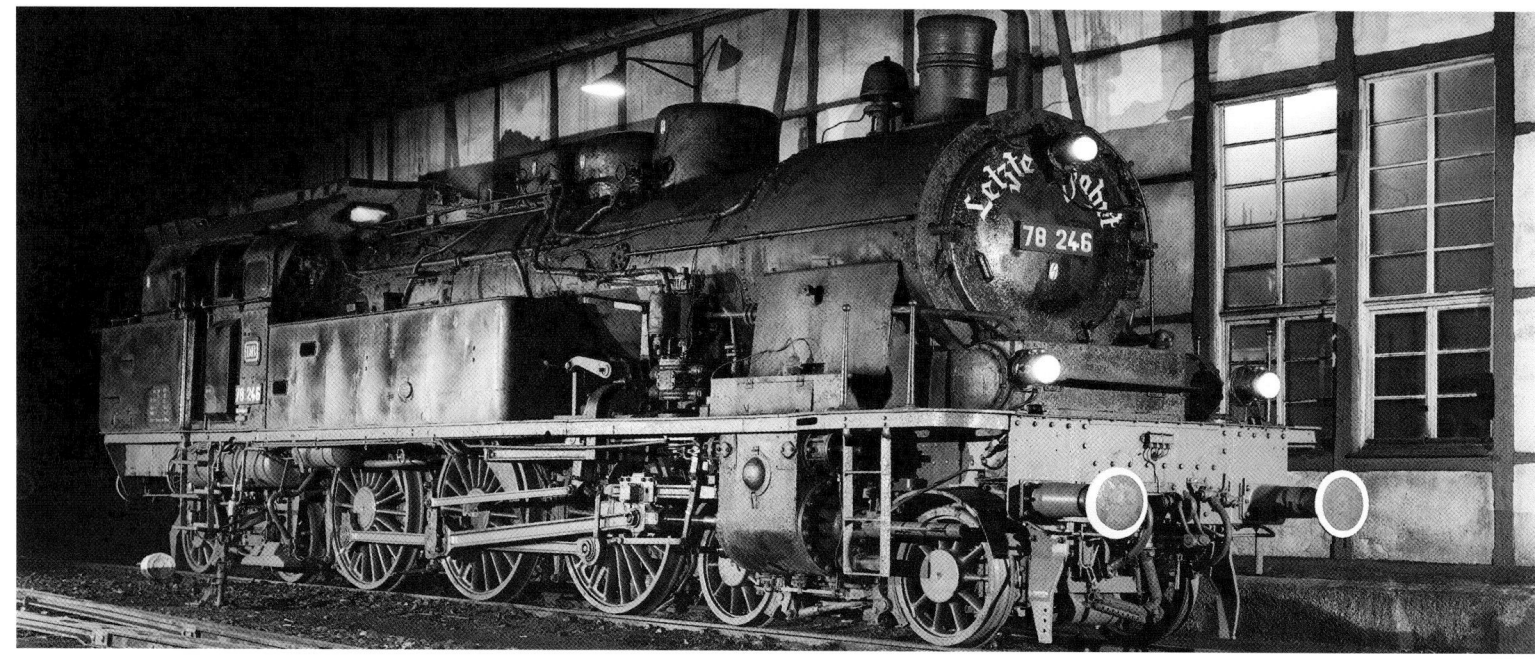

Dampflok ade……

Die Zeit der Dampflok ist zu Ende. Auch die lange Zeit des Abschieds ist längst schon Geschichte. Aber glücklicherweise werden immer noch viele Dampfloks in fahrbereitem Zustand erhalten und gepflegt. Als Attraktionen von Veranstaltungen aller Art für Sonderfahrten eingesetzt, können sie der heutigen Generation, die diese Maschinen nicht mehr im Alltagseinsatz erleben durfte, eine vage Vorstellung davon vermitteln, welche Faszination Dampflokomotiven einmal auf ihre Eltern ausgeübt haben.

Die Dampflokomotiven wurden von moderneren, effizienteren und kostensparenderen Maschinen ersetzt. Aber wenn man etwas Neues gewinnen will, muss man auch immer etwas Altes aufgeben. Der heutigen Jugend hat auch die neue Bahn viel Eindrucksvolles zu bieten. Ein sich fast mühelos durch die veränderte Landschaft schlängelnder ICE entspricht der heutigen Zeit. Die dampfgeführten Züge sind längst aus der Zeit gefallen. Sie leben nur noch in der Erinnerung, denn sie waren ein wesentlicher Teil unseres Lebens. Erinnerung aber verklärt die Vergangenheit, verschönt die wirklichen Erlebnisse……

Dem längst vergangenen Alltag der Dampflok-Ära gebührt ein Denkmal. Ein Denkmal in Bildern dieser entschwundenen Zeit. Dieses Buch soll ein kleiner Beitrag dazu sein, die unvergessliche Dampflokatmosphäre in der Erinnerung wach zu halten und schon vergessene Erlebnisse wieder in das Bewusstsein zurückzuholen. All die vielen Stunden, die ich mit der Eisenbahn verbracht habe, kehren in die Gegenwart als Erinnerung zurück. Eisenbahn war immer wieder ein wesentlicher Teil meines Lebens. Die Gedanken schweifen zu den vielen Stunden, die ich an guten und an schlechten Tagen in der Lübecker Bahnhofshalle zugebracht habe. Jetzt wehen keine Dampfschwaden mehr ins Gesicht. Wie damals noch bei der Fahrt mit dem Doppeldeckerzug der Lübeck-Büchener-Eisenbahn in den 30er Jahren nach Hamburg oder 1947, als ich jeden Morgen mit der BR 24 schon um 4.08 Uhr zum Studium nach Kiel gefahren bin……

Nachwort
Ein Dankeschön den Mitwirkenden

Da fährt sie davon......die letzte Dampflok dieses Buches. Die Signale stehen auf Halt. Der Alltagsbetrieb der Dampftraktion ist Geschichte. Das Kapitel der Erinnerung an eine wunderschöne Zeit faszinierender Begegnungen ist abgeschlossen. Noch einmal zogen sie in den letzten Monaten auf meinem Bildschirm vorbei, brachten so manches gemeinsame Erlebnis in die Vorstellung zurück. Wieder liegt ein Abschnitt des Lebens hinter uns.

Es waren Jahre intensiven Erlebens, Jahre eines dauernden Abschieds. Fast jede Begegnung umwehte der Hauch des Einmaligen, des Unwiederbringlichen. Was waren das für tolle Lokomotiven gewesen! Nehmen wir nur ein Beispiel: die P8 auf Seite 254. Am Beginn des Zweiten Kriegsjahres 1915 in Dienst gestellt, hatte sie zuerst in Ostpreußen dicht hinter der Front ihre Feuertaufe zu bestehen. Nach vielen Jahren im Bw Mainz rief sie der Zweite Weltkrieg 1944 wieder hinter die Front nach Kattowitz. Schließlich erhielt sie ihr Gnadenbrot im Bw Rottweil, wo sie Ende 1974 ihren Dienst beendete. Nach 2.719.271 km! Solcher Art war die Qualität einer preußischen Dampflokomotive! Welche modernen Lokomotiven könnten dieser alten Lok auch nur nahekommen?

Wie viele Stunden meines Lebens habe ich auf und mit der Eisenbahn verbracht? Rückblickend fließen die Einzelerlebnisse in ein großes Bild zusammen. Die Eisenbahn wird zu einem Symbol der Mobilität, die das ganze Leben begleitet hat. Den dauernden Wechsel zwischen Menschen, Orten, Landschaften, Ländern, Firmen, Aufgaben und Freundschaften....

Am Ende unserer gemeinsamen Bilderreise in die unvergessliche Dampflokära angekommen gilt es, Dank abzustatten. Da sind zuerst einmal alle die Eisenbahner der verschiedensten Bahnverwaltungen, die mir mit Rat und Tat zur Seite standen und mich mit wertvollen und für den Erfolg so notwendigen Informationen versorgten. Im Laufe der Jahre unterstützten mich vor allem westdeutsche, ostdeutsche, österreichische, tschechische, polnische und rumänische Freunde bei meiner Eisenbahnjagd. Ihnen allen gebührt Dank für ihre aufopfernde Hilfe, ohne die so manche besondere Aufnahme unmöglich gewesen wäre.

Mein Sohn, Dr. Ragnar Gareis, begleitete mich auf einigen wichtigen Reisen Anfang der 70er Jahre und half mir, die günstigsten Aufnahmestandpunkte ausfindig zu machen.

Ganz zuletzt – aber dafür umso herzlicher – gilt mein Dank dem Verleger Dieter Krone, der mir in ganz ungewöhnlicher Weise Freiheit bei der Gestaltung dieser Buchreihe gewährte.